Giacomo Biffi

JESUS von Nazareth

ZENTRUM DES KOSMOS
UND DER GESCHICHTE

CATHOLIC MEDIA

Impressum

© 2015 Catholic Media, Regnum-Christi-Initiativen e.V.
Justinianstraße 16, 50679 Köln-Deutz
Tel. +49 (0) 221 880 439 - 0
E-Mail für Bestellungen:
  bestellungen@catholicmedia.eu
E-Mail für allgemeine Anfragen:
  catholicmedia@catholicmedia.eu
Webshop: www.catholicmedia.eu
ISBN 978-3-939977-26-1
1. Auflage: 1.500 Stück, Oktober 2015

Umschlaggestaltung und Layout:	GF Werbepraxis, H. Grosse Frericks, Stadtlohn
Autor:	Kardinal Giacomo Biffi, Bologna
Übersetzung:	Pater Thomas Fox LC
Vertrieb:	Catholic Media, Regnum-Christi-Initiativen e.V.
	Bestelladresse: Justinianstr. 16, 50679 Köln-Deutz
Produktion:	GF Werbepraxis M. Grosse Frericks, Stadtlohn
Rechte:	Für die italienische Originalausgabe:
	„Gesù di Nazaret - Centro del Cosmo e della Storia"
	Autor: Kardinal Giacomo Biffi ISBN 88-01-01942-4
	© 2000 Verlag Elledici – 10096 Leumann (Turin)
	Vierte Auflage: März 2005
	Internet: www.elledici.org – E-mail: mail@elledici.org

Für die deutschsprachige Ausgabe:
© 2015 Catholic Media, Regnum-Christi-Initiativen e.V.
Justinianstr. 16, 50679 Köln-Deutz

Bibliographische
Information: Die Deutsche Bibliothek verzeichnet diese Publi-
kation in der Deutschen Nationalbibliographie,
detaillierte bibliographische Daten sind im
Internet über http://dnb.ddb.de abrufbar.

INHALT

Zweiter Teil
Vertiefung des Geheimnisses Christi

Vorwort

Jesus ist ganz einfach ein Fall für sich: Nie hat jemand solch tiefe Spuren in der Menschheitsgeschichte hinterlassen.

Wer Christ ist – also im wahrsten Sinne des Wortes Christus angehört – weiß, glaubt und verkündet, dass Er der einzig wahre Meister ist, der einzige Erlöser, auf den alle angewiesen sind, das lebendige Haupt der erlösten und neuen Menschheit, der eingeborene Sohn des Vaters, der uns „die Macht gibt, Kinder Gottes zu werden" (vgl. Joh 1,13). Daher ist es für den gläubigen Menschen zugleich eine stets neue Aufgabe und lohnende Pflicht, Christus immer mehr kennen zu lernen.

Es lohnt sich aber auch für diejenigen, die nicht glauben (oder sich für ungläubig halten), sich eine angemessene Vorstellung über Jesus von Nazareth zu verschaffen, eine seriöse Meinung über ihn zu erwerben, – denn immerhin setzt für gewöhnlich bei fast allen Menschen die Zeitrechnung mit dem Jahr ein, in dem Er zur Welt gekommen ist.

Dem, der dieses Thema erkunden möchte, sollen diese Seiten eine Hilfe sein: Zu diesem Zweck bedient sich der erste Teil unserer Untersuchung der geschichtlichen Methode. Es ist ein Teil, der jedem, der die Wahrheit vorurteilsfrei suchen möchte, zugänglich ist; der zweite Teil stellt eine eher theologische Reflexion dar, die als solche die Annahme des Glaubens voraussetzt.

Mein Wunsch wäre, dass am Ende alle zum Glauben gelangen könnten, dass „Jesus der Christus ist, der Sohn Gottes, und daran glauben, dass sie in ihm das Leben haben" (vgl. Joh 20,31).

Giacomo Kardinal Biffi

Bologna, 25. März 2000
Am Hochfest der Verkündigung Mariens

Ein Phantombild von Jesus von Nazareth

Einleitung

Auf der Suche nach dem menschlichen Antlitz Christi

Mithilfe dieser Untersuchung wollen wir die konkrete, äußere Gestalt Jesu von Nazareth, wie sie sich der Wahrnehmung jener darbot, die mit ihm während seines irdischen Daseins in Berührung gekommen sind, etwas näher bestimmen. Wir werden also den Versuch anstellen, sein Aussehen und seinen Charakter, soweit uns das möglich ist, zu umreißen.

Natürlich sind wir voll und ganz davon überzeugt, dass man auf dieser Stufe unmöglich stehen bleiben kann und dass wir im weiteren Verlauf letztlich zu einer substantielleren und ausführlicheren Erkenntnis gelangen müssen. Andererseits sind wir uns auch sehr wohl dessen bewusst, dass die Art von Untersuchung, die wir hier anbieten (eine erste Voruntersuchung, bei der unsere Sorge nicht darin bestehen wird, in die Tiefe zu gehen), nicht allein an der Oberfläche kleben, noch sich mit Plattitüden befassen darf. – Dies jedenfalls, sofern wir möchten, dass die geistige Auseinandersetzung mit Christus Faszination wecken, ja, das Potential bergen soll, um eine zwischenmenschliche Beziehung aufzubauen.

Niemand hat uns Fotos, Gemälde, Unterschriften von Christus oder Aufnahmen von seiner Stimme hinterlassen. Wir verfügen aber über zahlreiche, vielsagende und detaillierte Informationen verschiedenster Art: über seine Worte und Aussprüche, über das Zeugnis derer, die ihm zur Seite standen, und über historische Daten, die sich auf ihn beziehen. Das sind wertvolle Anhaltspunkte, die man zusammenstellen, ordnen und untereinander vergleichen muss, sofern man zu einem Bild gelangen möchte, das so wenig wie möglich von der faktischen Realität, wie sie war, abweicht.

Eine Art „Phantombild"

Um unser Vorhaben deutlicher vor Augen zu führen, möchten wir uns des bei Polizeibehörden in aller Welt gebräuchlichen Begriffs des „Phantombilds" bedienen.

Wenn keine eindeutigen empirischen Daten über die äußere Gestalt eines Gesuchten vorliegen, rekonstruiert man diese in einem Phantombild und zwar aufgrund von Erinnerungen und Hinweisen jener, die aus den unterschiedlichsten Gründen und auf verschiedenste Weise mit der Person in Kontakt getreten sind.

Nun ist in unserem Kontext die Verwendung des Wortes „Phantombild" sicherlich ungewöhnlich und manchem könnte sie als etwas gewagt vorkommen; der ein oder andere mag sie sogar als ehrfurchtslos betrachten. Aber vielleicht vergibt uns die betroffene Person, Jesus, selbst – denn schließlich zögerte er nicht, sich mit einem Übeltäter zu vergleichen, als er beschrieb, wie uns sein Kommen in der Endzeit überraschen werde – wie das Kommen eines Diebes (vgl. Mt 24,42-44).

Abgesehen davon ist der Herr übrigens im wahrsten Sinne des Wortes „eine Person, nach der gefahndet wird": Es wird nach ihm gefahndet, weil man „ihn sehen will", was zutiefst unserem Glaubensleben entspricht; es wird nach ihm gefahndet, weil uns unsere Hoffnung dazu veranlasst, denn wir sehnen uns danach, ihn ganz und auf unverhüllte Weise zu besitzen; es wird nach ihm gefahndet, weil wir ihn lieben und – wie bei jeder echten Liebe – wird das Ertragen der Ferne und der Entzug des Anblicks des Geliebten als schmerzhaft empfunden.

Das Phantombild rekonstruiert notwendigerweise nur annähernd die Gestalt, was auch auf unseren Fall zutrifft: Wir müssen uns deshalb stets dessen bewusst sein, dass – auch im rein menschlichen Bereich – jede Annahme unsererseits, den Sohn Gottes irgendwie identifiziert zu haben, weit gefehlt ist, weil sie von der Wirklichkeit übertroffen wird.

Am Ende dieser Untersuchung, die darauf abzielt, den „Menschentyp" Christi so lebendig wie möglich zu beschreiben, wird unser Verlangen, ihn – in seinem Temperament, seiner Besonderheit als Mensch, im Reichtum seiner Persönlichkeit – zu kennen, nicht wirklich gestillt worden sein: Im Gegenteil, aller Voraussicht nach wird unser Wunsch und die entsprechende Ungeduld, ihm direkt gegenüberzustehen und in seine Augen zu schauen, gewachsen sein.

Glaubwürdigkeit der Zeugen

Das Gelingen und der Wert eines Phantombildes hängt von der Glaubwürdigkeit der Zeugen ab. Insofern befinden wir uns hier glücklicherweise in einer privilegierten Lage: Als Glaubende können wir uns auf Zeugenaussagen stützen, die den göttlichen Beistand und die göttliche Inspiration als Garanten haben. Das dürfen wir nie vergessen, obwohl wir uns immer dessen bewusst sein müssen, dass die Vermittlungstätigkeit derer, die die Heiligen Schriften erstellt haben, Forschungsgegenstand sein muss, was auch auf detaillierte Weise und unter Zuhilfenahme philologischer und historischer Methoden zu geschehen hat.

Aber auch von der bloß menschlichen Vertrauenswürdigkeit her betrachtet sind die Berichte aus dem Evangelium eine hervorragende Datenquelle, die sich bei jedem fairen Forscher durchzusetzen vermag.

Die Argumente, die für gewöhnlich der kritische Rationalismus vorbringt, haben ihren Ursprung in der aprioristischen Annahme, ein direkter und außergewöhnlicher Eingriff Gottes in die Ereignisse sei einfach nicht möglich. Abgesehen davon wird aber die besondere Methode der vorliegenden Untersuchung zur Folge haben, dass wir uns hier fast ausschließlich innerhalb des Bereichs rein „natürlicher" Tatsachen bewegen. Weswegen man hoffen darf, dass auch derjenige die Untersuchungsergebnisse weitgehend billigen wird, der noch nicht das Glück hat, mit dem „Auge des Glaubens" zu sehen.

Eine Anmerkung zur Methode

Von grundlegender Bedeutung ist eine Vorbemerkung zur Methode. Auch in unseren Tagen lassen sich viele Menschen dazu anregen, über Jesus Christus zu reden, etwas über seinen Lebenswandel zu erzählen und ihm gewisse Gedanken, Absichten, Meinungen, Parteinahmen nachzusagen.

18

Das beweist, wie sehr er auch weiterhin auf alle eine gewisse Anziehungskraft ausübt; so gesehen handelt es sich um ein Phänomen, über das man sich in der Regel freuen darf. Das gilt hier aber nur solange, wie sich in dieser Sache keiner willkürlichen und haltlosen Erfindungen hingibt, was durchaus eine immer wiederkehrende und weit verbreitete Versuchung darstellt.

Man kann sich der Wahrheit über Christus unmöglich auf korrekte und den allgemeinen Bildungsstandards entsprechend zulässige Weise nähern, ohne sich dabei an das zu halten, was aus den Berichten des Evangeliums hervorgeht. Andere Quellen schweigen sich aus (dies trifft fast durchweg auf außerchristliche Quellen zu) oder aber die ihnen innewohnende bzw. von außen verbürgte Glaubwürdigkeit ist unzureichend (was bei den apokryphischen Evangelien der Fall ist). Folglich sollte man sich entweder genau an die Evangelien halten oder einfach darauf verzichten, über Jesus zu sprechen: Es hat keinen Wert, willkürliche Behauptungen aufzustellen oder zu fabulieren.

Was uns angeht, können wir versichern, dass jede einzelne, von uns gemachte Aussage vom Evangelium bestätigt wird. Genau diese vollumfängliche und vorurteilslose Bereitschaft, das anzunehmen, was in den authentischen Quellen steht, wird uns

– so wagen wir zu hoffen – davor bewahren, ideo-
logischen Zwängen zu erliegen oder nichts weiter
als politisch korrekte Aussagen zu machen.

ERSTES KAPITEL

Äußere Aspekte

Wer Christus auf den Straßen Palästinas begegnete, fand an seinem Äußeren auffällige, sofort wahrnehmbare Aspekte. An dieser Stelle beginnen wir mit unserer Untersuchung.

Seine Kleidung

Welche Kleidung trug Jesus von Nazareth? – Vielen vorgefertigten, die Armut verherrlichenden Urteilen zum Trotz müssen wir feststellen, dass er gut angezogen gewesen war.

Er trat mit einem „Erscheinungsbild" auf, das sich gehörig von dem eines Johannes des Täufers unterschied. Was sein Äußeres angeht, beschreibt er sich nämlich selbst ausdrücklich als dessen Gegenpart (vgl. Mt 11,18-19).

Jesus kleidet sich wie die gesetzestreuen Israeliten und wie die Prominenz der Juden, die unter Beachtung der Vorschriften des Gesetzes die Ränder ihrer Kleidung mit bunten Quasten (die κράσπεδα) zu verzieren pflegten (vgl. Num 15,38; Deut 22,2). Zwar macht er es den Pharisäern und Schriftgelehrten zum Vorwurf, wenn sie diese Quasten ohne Anlass verlängern (vgl. Mt 23,5); doch trägt auch er sie – wie aus der Episode hervorgeht, bei der die Frau, die unter Blutfluss litt und davon geheilt werden wollte, heimlich von hinten an ihn herantritt und eben gerade eine von diesen seinen Schleifen berührt (vgl. Mt 9,20-22: ἥψατο τοῦ κρασπέδου).

Der Rock (ὁ χιτών), den er trägt, ist nicht auf gewöhnliche Art und Weise hergestellt: Er ist aus einem einzigen Stück, nahtlos gewoben, sodass ihn die Soldaten unterm Kreuz aufgrund seines Wertes nicht zerteilen wollen und stattdessen um ihn würfeln (vgl. Joh 19,23-24).

„Nachdem die Soldaten Jesus ans Kreuz geschlagen hatten, nahmen sie seine Kleider und machten vier Teile daraus, für jeden Soldaten einen. Sie nahmen auch sein Untergewand, das von oben her ganz durchgewebt und ohne Naht war. Sie sagten zueinander: Wir wollen es nicht zerteilen, sondern darum losen, wem es gehören soll. So sollte sich das Schriftwort erfüllen: Sie verteilten meine Kleider unter sich und warfen das Los um mein Gewand."
(Joh 19,23-24)

Vornehme Ausstrahlung
und Glaubwürdigkeit

Das alles war nicht nur eine Frage der Kleidung. Sein ganzes Auftreten besaß eine gewisse Vornehmheit und hatte eine glaubwürdige Ausstrahlung.

Wer sich an ihn wandte, auch wenn es sich um einen Fremden handelte, konnte das nicht tun, ohne ihn respektvoll „Herr" (κύριος) zu nennen. Das trifft zum Beispiel auf den Zenturio von Kafarnaum (vgl. Mt 8,6.8) und auf die kanaanäische Frau (vgl. Mt 15,22-28) zu.

In dem Maß, in dem sein Wort bekannt wurde, verwendete man ihm gegenüber immer öfter den Titel „Meister" (διδάσκαλος). Auch seine Gegner redeten ihn so an: die Pharisäer (vgl. Mt 22,16), die Sadduzäer (vgl. Mt 22,24), die Gesetzeslehrer (vgl. Mt 22,36).

Seine vornehme Ausstrahlung gestattete es ihm, von Menschen aus den gehobensten Kreisen eingeladen zu werden und in ihrem Haus zu Gast zu sein: sei es von den herausragendsten Pharisäern, die ihn wiederholt zum Essen einluden (vgl. Lk 7,36-50; 11,37; 14,1), sei es von den im Überfluss lebenden und ins Gerede gekommenen Zöllnern – zum großen Ärgernis derer, die etwas auf sich hielten (vgl. Mt 9,10; Lk 5,29; 15,1-2).

Eben gerade weil er von allen als „Meister" anerkannt wurde, durfte er das Wort Gottes bei den
Versammlungen am Sabbat offiziell auslegen, wie
es in der Synagoge von Kafarnaum (vgl. Mk 1,21-
22) und in der Synagoge von Nazareth geschah
(vgl. Mt 6,2).

In der Tat wehrte er sich nicht gegen diese ehren-
vollen Bezeichnungen; im Gegenteil, er erklärte sie
für angemessen: „Ihr sagt zu mir Meister und Herr,
und ihr nennt mich mit Recht so; denn ich bin es."
(Joh 13,13)

Milieu

Mit welchen Menschen pflegte Jesus Umgang?
Zweifellos schloss er niemanden aus. Wie man dem
Flair seiner Parabeln entnehmen kann, sind vor
allem die Hirten, Fischer, Bauern und Tagelöhner
die Zielgruppe seiner Lehren gewesen; dies trifft
aber auch auf die Menschen mit besonderer Aus-
bildung und Kultur zu, wie es bei den Schriftgelehrten und Pharisäern der Fall war.

Wenn er für jemanden eine Vorliebe hatte, dann
für die Demütigen und vom Glück Verlassenen:
„Kommt alle zu mir, die ihr euch plagt und
schwere Lasten zu tragen habt. Ich werde euch
Ruhe verschaffen." (Mt 11,28) Doch wies er auch

Synagogenvorsteher und einen römischen Zenturio nicht zurück.

Er wusste wohl und verkündete auch, dass diejenigen, die der „obersten Klasse" angehören, keinen Vorteil besitzen, wenn es darum geht zu lernen, welche Dinge wirklich zählen (vgl. Mt 11,25): „du [hast] all das den Weisen und Klugen verborgen, den Unmündigen aber offenbart". Dennoch hielt er es nicht für eine Zeitverschwendung, sich in langen nächtlichen Gesprächen mit einem „Lehrer Israels", wie Nikodemus es war, auseinanderzusetzen (vgl. Joh 3,21).

Wohlweislich verkündete er in gleicher Weise auch, dass sich reiche Menschen im Wettlauf um die Erlösung erheblich im Nachteil befinden; wohingegen die Armen „selig" sind, denn sie haben es leichter, ins Himmelreich zu gelangen (vgl. Mt 19,23-26; Lk 6,20-25). Doch lehrte er gleichzeitig, dass keiner verzweifeln darf, weil Gott alles vermag – er bringt auch ein Kamel durch ein Nadelöhr hindurch (vgl. Mt 19,26).

Übrigens ist es – mit Erlaubnis der Populisten – unleugbar, dass sich in Jesu Bekanntenkreis zahlreiche wohlhabende und bedeutende Persönlichkeiten befanden. Es genügt wohl, Josef von Arimathäa zu erwähnen (vgl. Mt 27,57: ein „reicher Mann"); weiterhin den Besitzer des Abendmahlssaales (vgl. Mk 14,15: „Der Hausherr wird euch einen großen Raum im Obergeschoss zeigen, der schon für das Festmahl hergerichtet und mit Polstern ausgestattet ist."; dann Johanna, die Frau des Verwalters des Herodes (vgl. Lk 8,3); und schließlich die Familie in Betanien, zu der auch Maria gehörte, eine Frau die, ohne aus der Fassung zu geraten, ein wertvolles Gefäß aus Alabaster und ein Parfum, das von einem Experten wie Judas auf dreihundert Denare geschätzt wurde, um der Liebe Jesu willen – mir nichts, dir nichts – preisgeben konnte (vgl. Joh 12,3-5).

„Da nahm Maria ein Pfund echtes, kostbares Nardenöl, salbte Jesus die Füße und trocknete sie mit ihrem Haar. Das Haus wurde vom Duft des Öls erfüllt. Doch einer von seinen Jüngern, Judas Iskariot, der ihn später verriet, sagte: Warum hat man dieses Öl nicht für dreihundert Denare verkauft und den Erlös den Armen gegeben?" (Joh 12,3-5)

Die „Häuser" Jesu

Einige dieser Bekannten aus der gehobenen Gesellschaft konnten ohne große Umstände dem Meister ihre Gastfreundschaft anbieten, sodass er sich überall mehr oder weniger ganzer Häuser bedienen konnte, um von dort aus seinen Dienst als Wanderprediger zu tun.

In diesem Zusammenhang muss das bekannte Jesuswort „Die Füchse haben ihre Höhlen und die Vögel ihre Nester; der Menschensohn aber hat keinen Ort, wo er sein Haupt hinlegen kann." (vgl. Mt 8,20) recht verstanden werden, und zwar folgendermaßen: Angesichts der Bitte eines Schriftgelehrten, ihm nachfolgen zu dürfen, war die Aussage dazu bestimmt, durch eine effektvolle paradoxe Erklärung, an die man sich erinnern wird, klar vor Augen zu führen, dass Christi Sendung mit stabilen, sicheren Wohnverhältnissen und mit einer typisch bürgerlichen Perspektive unvereinbar war.

Denn würde man diese Aussage wörtlich nehmen, stünde fast das gesamte Evangelium mit ihr im Widerspruch.

In Galiläa hielt sich Jesus gewöhnlich im Hause Petri auf (vgl. Mk 1,29-35). Von hier aus begab er sich in die nahen Dörfer, kehrte aber am Ende seiner

Exkursionen wieder dorthin zurück: „Als er einige Tage später nach Kafarnaum zurückkam, wurde bekannt, dass er (wieder) zu Hause war. Und es versammelten sich so viele Menschen, dass nicht einmal mehr vor der Tür Platz war;" (vgl. Mk 2,1-2).

Übrigens gibt es häufige Hinweise auf – wenn auch vorübergehende – Aufenthalte in Häusern. „Jesus ging in ein Haus, und wieder kamen viele Menschen zusammen" (vgl. Mk 3,20). Im privaten Bereich eines Hauses konnte er seinen Jüngern leichter erklären, was er im Freien allen Leuten gesagt hatte. „Er verließ die Menge und ging in ein Haus. Da fragten ihn seine Jünger nach dem Sinn dieses rätselhaften Wortes" (vgl. Mk 7,17). Und im vertraulichen Umfeld geht er auch auf ihre praktischen und persönlichen Fragen ein: „Als Jesus nach Hause kam und sie allein waren, fragten ihn seine Jünger: Warum konnten denn wir den Dämon nicht austreiben?" (vgl. Mk 9,28).

Selbst im Ausland, in Phönizien, steht ihm ein Haus zur Verfügung, in dem er Unterschlupf finden kann: „Jesus brach auf und zog von dort in das Gebiet von Tyrus. Er ging in ein Haus, wollte aber, dass niemand davon erfuhr;" (vgl. Mk 7,24).

In der Nähe von Jerusalem, in Betanien, stand ihm eine freundliche Bleibe zur Verfügung, wo er in familiärer Atmosphäre ausspannen konnte: Das

Haus von Marta und Maria, in dem sich die schöne Szene ereignete, die im Lukasevangelium beschrieben wird (vgl. 10,38-42). Hier war es auch, wo er vermutlich die letzten Nächte vor seiner Verhaftung und seinem Tode verbracht hatte.

Kraft und gute Gesundheit

Die Evangeliumsberichte weisen Jesus als Mann aus, der bei guter Gesundheit ist, einen kräftigen Körper besitzt sowie Mühen und Strapazen verwinden kann.

Mit Vorliebe beginnt er sein Tagewerk sehr früh am Morgen: „In aller Frühe, als es noch dunkel war, stand er auf und ging an einen einsamen Ort, um zu beten." (vgl. Mk 1,35).

Bei besonders wichtigen Anlässen verbringt er auch ganze Nächte wach: „In diesen Tagen ging er auf einen Berg, um zu beten. Und er verbrachte die ganze Nacht im Gebet zu Gott. Als es Tag wurde, rief er seine Jünger zu sich und wählte aus ihnen zwölf aus;" (vgl. Lk 6,12-13).

Er verträgt den Arbeitsrhythmus, der schon bald jeden zur Erschöpfung bringen würde, gut: Markus bemerkt wiederholt, „dass er und die Jünger nicht einmal mehr essen konnten." (vgl. Mk 3,20; 6,31).

Sein tägliches Aufgabenpensum ist eine Qual. Bis tief in die Nacht kamen und gingen zahlreiche Leute:

Kranke, die nach Erleichterung suchten; Menschen, die nach der Wahrheit dürsteten, die darum baten, ihn hören zu dürfen; Gegner auf theologischem Gebiet, die ihn zu nervenaufreibenden Diskussionen zwangen.

Kaum gelingt es ihm, einen Moment Luft zu holen, schon stehen wieder Menschen vor ihm und bedrängen ihn: „Simon und seine Begleiter eilten ihm nach, und als sie ihn fanden, sagten sie zu ihm: Alle suchen dich." (vgl. Mk 1,36-37).

Jesus war hervorragend gut zu Fuß. Vom Johannesevangelium erfahren wir, dass er auch müde werden konnte: „Jesus war müde von der Reise [die ihn von Judäa nach Samarien gebracht hatte] und setzte sich daher an den Brunnen;" (vgl. Joh 4,6). In der Tat verlangte sein Auftrag von ihm, ständig durch ganz Palästina und darüber hinaus bis hin nach Cäsaräa Philippi und zum Gebiet von Tyrus und Sidon unterwegs zu sein.

Man hat behauptet, sein letzter Aufstieg von Jericho nach Jerusalem sei eine erstaunliche Leistung gewesen: „Bei heißestem Sonnenbrand musste er auf schattenlosen Wegen über ödestes Felsengewirr hinweg in sechsstündigem Marsch eine Steigung von mehr als tausend Meter überwinden" (K. Adam, Jesus Christus, Haas & Grabherr, Augsburg, 1934, S. 102).

Gutes Aussehen

Sah Jesus gut oder schlecht aus? Erstaunlicherweise war dieses Thema in den ersten Jahrhunderten des Christentums berühmt und vieldiskutiert, doch verwendeten die Vertreter beider Lager nur rein theoretische Argumente, weswegen man auch keinen Schritt weiter kam.

In den kanonischen Büchern der Schrift findet man keine ausdrücklichen Angaben zu diesem Thema.

Trotzdem gibt es ein Vorkommnis, über das nur im Evangelium nach Lukas berichtet wird und das uns etwas weiterhelfen kann.

„Als er das sagte, rief eine Frau aus der Menge ihm zu: Selig die Frau, deren Leib dich getragen und deren Brust dich genährt hat. Er aber erwiderte: Selig sind vielmehr die, die das Wort Gottes hören und es befolgen." (Lk 11,27-28).

Die unbekannte Bewunderin, die ihren Enthusiasmus nicht zu zügeln vermochte und sogar die Rede des Herrn unterbrach, gibt uns einen Wink mit dem Zaunpfahl in Bezug auf die Faszination, die der junge Prophet mit seiner Stattlichkeit und seinem Anmut ausüben musste. Wir entnehmen das unter anderem den sehr „körperlichen" Begriffen, mit dem das Lob ausgedrückt wird, und vor allem die Antwort Jesu, in der er zu einer angemesseneren Aufmerksamkeit auf das Wort Gottes einlädt.

Die Augen

Es gibt da ein Element menschlicher Anmut, das – an sich physischer Natur – schon fast so etwas wie der Widerhall des geistigen Lebens ist und zwar meine ich den Glanz der Augen. Der Meister hatte selbst darauf hingewiesen: „Das Auge gibt dem Körper Licht. Wenn dein Auge gesund ist, dann wird dein ganzer Körper hell sein." (Mt 6,22)

Die Augen Jesu müssen wahrhaft bezaubernd, durchdringend und fast so anziehend wie ein Magnet gewesen sein: Wer sie einmal sah, der vergaß sie nicht mehr. Nur auf diese Weise kann man erklären, warum die Evangelisten (und in besonderer Weise Markus, der die Erinnerungen Petri wiedergibt) seinen Blick mit so außerordentlich hoher Häufigkeit hervorheben.

Es ist wichtig, hier die Nuancen der Originaltexte zu erfassen. Das Verb „schauen" (βλέπειν) wird, je nachdem, was man ausdrücken will, in drei Varianten benutzt: „um sich herumblicken" (περιβλέπεσθαι); „nach oben schauen" (ἀναβλέπειν); ins Innere schauen (ἐμβλέπειν).

Der in seinen Umkreis geworfene Blick

Wenn Jesus mit seinen Augen einen Blick auf die Umgebung wirft, beginnen alle vor Ehrfurcht und Faszination zu schweigen.

Mit diesem Blick lädt er vor seiner Predigt zur Sammlung ein (vgl. Lk 6,20). Mit diesem Blick bringt er aber auch seine Zuneigung zu den Jüngern und seine robuste Einheit mit ihnen zum Ausdruck: „Und er blickte (περιβλεψάμενος) auf die Menschen, die im Kreis um ihn herumsaßen, und sagte: Das hier sind meine Mutter und meine Brüder." (Mk 3,34). Mit diesem Blick bereitet er die Herzen darauf vor, äußerst originelle und völlig unerwartete Lehren anzunehmen: „Da sah Jesus seine Jünger an (περιβλεψάμενος) und sagte zu ihnen: Wie schwer ist es für Menschen, die viel besitzen, in das Reich Gottes zu kommen! ... Eher geht ein Kamel durch ein Nadelöhr" (vgl. Mk 10,23-25).

Manchmal handelt es sich um einen stummen aber so intensiven Blick, dass er Selbstzweck ist: „Und er zog nach Jerusalem hinein, in den Tempel; nachdem er sich alles angesehen hatte (περιβλεψάμενος πάντα) [...] ging er spät am Abend mit den Zwölf nach Betanien hinaus." (vgl. Mk 11,11)

Das eine oder andere Mal handelt es sich auch um einen Blick, der so voll Entrüstung und Leid ist, dass die Anwesenden verstummen und ihm keine Antwort mehr zu geben wagen: „Er sah sie der Reihe nach an (περιβλεψάμενος αὐτοὺς μετ' ὀργῆς), voll Zorn und Trauer über ihr verstocktes Herz, und sagte zu dem Mann: Streck deine Hand aus!" (Mk 3,5).

Der Blick nach oben

Christus richtet seine Augen auch durchaus einmal nach oben, wenn er mit Leidenschaft zum Vater betet, um von ihm erhört zu werden (vgl. Mk 6,41; 7,34).

„Da brachte man einen Taubstummen zu Jesus und bat ihn, er möge ihn berühren. Er nahm ihn beiseite, von der Menge weg, legte ihm die Finger in die Ohren und berührte dann die Zunge des Mannes mit Speichel; danach blickte er zum Himmel auf, seufzte und sagte zu dem Taubstummen: Effata!, das heißt: Öffne dich!"
(Mk 7,32-34)

Einmal schaute er auch mit einem Lächeln nach oben, als er unter dem Laub eines Maulbeerbaums einen hohen Zollbeamten ausfindig machen wollte, der sich dort wie ein Straßenjunge in den Ästen niedergekauert hatte, um ihn bequem sehen zu können: „Als Jesus an die Stelle kam, schaute er hinauf (ἀναβλέψας) und sagte zu ihm: Zachäus, komm schnell herunter! Denn ich muss heute in deinem Haus zu Gast sein." (Lk 19,5)

Der Blick „nach innen"

Die Augen Jesu hinterließen aber vor allem dann einen Eindruck, wenn er damit „ins Innere" der Menschen sah, um sozusagen bis in ihr Herz zu gelangen.

Dies tat er, wenn er eine ungewöhnliche Wahrheit verkünden musste, von der er wollte, dass sie im Geist der Hörer fest verankert bleibt. Einen solchen Fall finden wir in Mk 10,27: „Jesus sah sie an (ἐμβλέψας αὐτοῖς) und sagte: Für Menschen ist das unmöglich [dass Reiche gerettet werden], aber nicht für Gott; denn für Gott ist alles möglich." Und ebenso in Lk 20,17-18: „Da sah Jesus sie an (ἐμβλέψας αὐτοῖς) und sagte: ... Jeder, der auf diesen Stein [der Messias, der Sohn Gottes] fällt, wird zerschellen; auf wen der Stein aber fällt, den wird er zermalmen."

Von dem jungen reichen Mann, der ein recht-schaffenes Leben geführt hatte und das ewige Leben erbittet, heißt es im Evangelium, „Da sah ihn Jesus an [ἐμβλέψας αὐτῷ ἠγάπησεν αὐτόν] ... weil er ihn liebte (Mk 10,21).

Im Leben des Apostels Petrus gab es zwei „Augen-Blicke", die in ihm für immer einen Wan-del herbeiführen sollten: Bei seiner ersten Begeg-nung, „blickte [Jesus] ihn an (ἐμβλέψας αὐτῷ) und sagte: Du bist Simon, der Sohn des Johannes, du sollst Kephas heißen. Kephas bedeutet: Fels (Petrus)." (Joh 1,42); in der Stunde der Verleug-nung hingegen „wandte sich der Herr um und blickte Petrus an (ἐνέβλεψεν τῷ Πέτρῳ). Und Petrus ... ging hinaus und weinte bitterlich." (Lk 22,61-62).

Fazit

Natürlich könnten wir noch lange im Evangelium nachforschen und jedem einzelnen Wort nachge-hen, das uns helfen könnte, besser zu verstehen, wie Jesus sich bei einer ersten und unmittelbaren äußeren Bekanntschaft zu geben pflegte.

Wir glauben jedoch, dass sich schon jetzt allmäh-lich der „Typ" abzeichnet, den Christus als Mensch

verkörperte. Deshalb möchten wir nun tiefer nachforschen und den Versuch anstellen, – sagen wir
einmal – ein Phantombild von der „Psyche" unseres Heilands zu entwerfen.

ZWEITES KAPITEL

Die Psyche

Eine aufregende Untersuchung

Man kann das Innere eines Menschen nie ganz ergründen, es bleibt immer ein Geheimnis. Umso
schwerer muss es uns fallen, in den Reichtum des
Gemüts Christi einzudringen und uns in seine
Seele hinein zu versetzen.

Es handelt sich um eine Analyse, die einzigartig,
problematisch, aufregend, aber auch faszinierend
und ganz unvermeidlich ist. Man tritt an sie mit
Demut und in dem stets wachsamen Bewusstsein
heran, wie unangemessen doch unsere Möglich-
keiten sind, Erkenntnis hierüber zu erlangen.

Wir fühlen uns aber ermutigt, diese Aufgabe an-
zupacken, denn die Evangelien leisten uns eine
entscheidende Hilfe und offenbaren uns – wenn
auch nur in gelegentlichen, überall verteilten und
oft nur mit indirekten Hinweisen versehenen
Aussagen, letztlich aber dennoch in reichlichem
Maße – die Gedanken unseres Erlösers, seine
Geisteshaltung, die Angelegenheiten, die ihm am
Herzen lagen, seine Gefühlswelt, sein Temperament, seine stilistische Ausdrucksweise und sein
Verhalten.

Große gedankliche Klarheit

Was in erster Linie an der Lehrtätigkeit Jesu auf-
fällt, ist die außerordentliche Klarheit seiner Gedanken. Alles ist ganz klar ausgesagt, ohne Platz
für Zweideutigkeiten oder Wankelmut. Es gibt bei
ihm kein Zögern, keine Flucht in eine subjektive
Welt, keine Formelhaftigkeit, bei der Zweifel zum
Ausdruck kommt – Dinge, die wir beim Sprechen
so häufig benutzen („vielleicht", „meiner Meinung
nach", „mir scheint"), kommen in seiner Rede nie
vor. Sie ist meilenweit davon entfernt, Getue und
Koketterie auszustrahlen, es gibt darin nichts von
der fadenscheinigen Nachgiebigkeit des „schwa-
chen Denkens".

Die Sicherheit, die Jesus an den Tag legt, wäre fast
irritierend, wenn wir nicht gleichzeitig durch die
objektive Höhe und Erleuchtung seiner Lehren
vereinnahmt würden.

Trotz der Unterschiedlichkeit der Themen, die er
anspricht, weisen seine Auffassungen weder eine
Bruchstelle noch eine Inkohärenz auf. Alles läuft
auf zwei grundlegende, immer wiederkehrende
Themen hinaus, von denen aus sich alles zu einer
Einheit zusammenfügt: das Thema des „Vaters"
(ein Vater, der am Ursprung jedweder Existenz

steht) und das Thema des „Reiches", Ziel des Strebens aller Geschöpfe und ihres Wandels durch die Geschichte.

Die Aufmerksamkeit für die konkrete menschliche Wirklichkeit

In Jesus finden wir nichts vom Gehabe eines zerstreuten Professors, der so sehr mit seinen hochtrabenden Gedanken beschäftigt ist, dass er die kleinen Dinge nicht mehr wahrnehmen kann, noch zeigt er sich uns als ein Übermensch, der nur Verachtung dafür hat, wenn man ihn in unbedeutende und glanzlose Ereignisse verwickelt. Im Gegenteil: Jesus erweist sich als aufmerksamer Beobachter jener Alltagswirklichkeit, die uns alle umgibt – ja, solche Dinge beobachtet er sogar mit Interesse und findet an ihnen Gefallen.

In seine Parabeln und Aussprüche fließen zahlreiche Szenen aus dem normalen Leben von damals und heute ein: Das Baby, das Theater macht, um etwas zu essen zu bekommen; die Kinder, die auf den Plätzen spielen und traditionelle Reime hersagen (Lk 7,32: „Sie sind wie Kinder, die auf dem Marktplatz sitzen und einander zurufen: Wir haben für euch auf der Flöte gespielt (Hochzeitslieder), und ihr habt nicht getanzt; wir haben Klagelieder gesungen, und ihr habt nicht geweint."); der Nachbar, der dir auf die Nerven geht und dich sogar noch nachts aufstört; eine Frau, die die Suche nach einer unter das Mobiliar gerollten Münze nicht eher aufgibt, als bis sie sie gefunden hat; die Gebärende, die zwar leidet, die aber aus Freude über den Anblick des von ihr geborenen kleinen Wesens die erlittenen Schmerzen vergisst; die Diener, die sich während der Abwesenheit ihres Herrn dem leichten Leben hingeben; der unehrliche und schlaue Verwalter; das Durcheinander eines Hochzeitsfestes; die Geldverleiher, die das Kapital verzinsen; der Dieb, der ohne Vorwarnung das Haus ausplündert; der Wanderer, der unter die Räuber gerät; die arbeitslosen Tagelöhner, die auf dem Platz nach einem Gelegenheitsjob Ausschau halten; die Hausfrau, die den Teig knetet und aufgehen lässt. Und so weiter.

Natürlich ist derjenige, der über solche Dinge spricht, weder verschlossen noch zugemauert. Im Gegenteil, er versteht es, die Augen offen zu halten, er ist jemand, der mit Sympathie an der Alltagskomödie des Menschengeschlechts teilnimmt.

In seinen Gleichnissen nimmt er Bezug auf die kleinsten Dinge: die Becher und Teller, die abgewaschen werden müssen, die Leuchte und der Lampenhalter, das Küchensalz, ein Glas kaltes Wasser, der alte Wein, der der bessere ist, das geflickte Kleidungsstück, der Splitter und der Balken, das Nadelöhr, die von Motte und Rost angerichteten Schäden, die vergänglichen Feldblumen, die ersten Blätter des Feigenbaums, der Senfkornstrauch, das Samenkorn, das in die Erde fällt, wo es unterschiedlich aufgenommen wird und Frucht bringt, das Fischernetz, mit dem man sowohl gute, als auch schlechte Fische an Land zieht, das Schaf, das sich von der Herde entfernt und verloren geht. Und auch diese Liste könnte man noch beliebig fortsetzen.

Was wir gesagt haben, sollte vollauf ausreichen, um uns davon zu überzeugen, das Jesus niemandem ähnelt, der eine Ideologie an den Mann bringen will, niemandem, der – ganz eingenommen von seinen hervorragenden Gedankengebilden – die einfachen Wechselfälle des Lebens unter dem gemeinen Volk nicht wahrnehmen oder nachvollziehen könnte.

Gerade diese seine Einfühlsamkeit für kleine, konkrete Dinge und seine unnachahmliche Kunst, sie in Vernunftschlüsse, die mit den höchsten Dingen zu tun haben, einzubringen, ist eine Fertigkeit, die es ihm erlaubt, zu allen, auch den schlichten Menschen, in sauberer und origineller Sprache über die erhabensten Wahrheiten zu reden, – eine Sprache, die sich beträchtlich von jener Ausdrucksweise unterscheidet, die viele professionelle Denker und nicht wenige Menschen benutzen, die in der Politik aktiv sind.

Ein starker Wille

Zur Brillanz seiner Intelligenz und zur Wirksamkeit seiner Rede gesellt sich ein Wille hinzu, der keine Schwachpunkte kennt, ein Wille, der im Stande ist, umgehend operative Entscheidungen zu treffen und hierbei den eigenen Vorsätzen unverbrüchlich treu zu sein. Jesus hat eine Sendung, die er sich von Herzen zu eigen gemacht hat und er lässt sich durch nichts von ihr abbringen.

Diese innere Solidität wird wohl auch im äußeren Erscheinungsbild erkennbar. Die Umstehenden sind davon beeindruckt und der Verfasser des Evangeliums fühlt sich in der Pflicht, diese festzuhalten: Er „entschloss sich [...], nach Jerusalem zu gehen." (Lk 9,51) - Im Originaltext klingt dieser Entschluss noch eindrucksvoller: τὸ πρόσωπον ἐστήρισεν τοῦ πορεύεσθαι εἰς Ἰερουσαλέμ („er verhärtete sein Gesicht, um nach Jerusalem zu gehen.").

Er ist ein Anführer, der zu gewissen Zeiten, wenn er – allen voran – auf dem Weg, den er sich abgesteckt hat, einher schreitet, so große Entschlossenheit ausstrahlt, dass es in denjenigen, die ihm nachfolgen, Staunen, Unterwürfigkeit und Unruhe hervorruft: „Während sie auf dem Weg hinauf nach Jerusalem waren, ging Jesus voraus. Die Leute wunderten sich über ihn, die Jünger aber hatten Angst." (Mk 10,32)

Freiheit gegenüber den Verwandten und Gegnern

Jesus erweist sich stets als Mensch, der auf souveräne Weise frei ist. Keinem gelingt es, ihn von seinen Absichten abzubringen.

Er ist frei gegenüber den Menschen, die zu seinem „Clan" gehören. Erst erklären sie ihn für verrückt (vgl. Mk 3,21) und dann bilden sie sich ein, aus seinem Erfolg und seiner Berühmtheit für sich einen Vorteil herausschlagen zu können und so versuchen sie, die Beziehung mit ihm wieder aufzunehmen (vgl. Mk 3,31-34).

„Da kamen seine Mutter und seine Brüder; sie blieben vor dem Haus stehen und ließen ihn herausrufen. Es saßen viele Leute um ihn herum und

man sagte zu ihm: Deine Mutter und deine Brüder stehen draußen und fragen nach dir. Er erwiderte: Wer ist meine Mutter und wer sind meine Brüder? Und er blickte auf die Menschen, die im Kreis um ihn herum saßen, und sagte: Das hier sind meine Mutter und meine Brüder." (Mk 3,31-34)

Er ist sowohl gegenüber den Anführern seines Volkes als auch gegenüber seinen Gegnern frei. Sie versuchen, seinen Dienst zu behindern, doch er gibt ihnen trocken zur Antwort: „Mein Vater ist noch immer am Werk und auch ich bin am Werk" (Joh 5,17).

Er anerkennt ihre Autorität und respektiert sie, doch hat er keine Ehrfurcht vor den Menschen, die diese Autorität innehaben. Das zeigen zur Genüge die Weherufe, die er an die Pharisäer und Schriftgelehrten richtet (vgl. Mt 23,32). Ohne mit der Wimper zu zucken, eröffnet er den Sadduzäern, die die höchsten priesterlichen Ämter innehatten, in härtesten Worten, dass er gegenteiliger Ansicht ist: „Ihr irrt euch; ihr kennt weder die Schrift noch die Macht Gottes." (Mt 22,29). Herodes, dem Tetrarch

von Galiläa, macht er wahrlich keine Kompli-
mente: „Geht und sagt diesem Fuchs..." (vgl. Lk
13,32).

Seine Offenheit wird auch von denen, die ihm
feindlich gesinnt sind, ausdrücklich anerkannt, wie
zum Beispiel von den Pharisäern und Anhängern des
Herodes, die sich einmal mit diesen Worten an ihn
wenden: „Meister, wir wissen, dass du immer die
Wahrheit sagst und dabei auf niemand Rücksicht
nimmst; denn du siehst nicht auf die Person, sondern lehrst wirklich den Weg Gottes." (Mk 12,14)

Freiheit gegenüber den Freunden

Auch unter zweifelsohne schwierigeren Umständen
behält er seine Freiheit und verzichtet lieber auf die
herzliche Zuwendung seiner Freunde als auf die lü-
ckenlose Verwirklichung seiner Sendung.

Im Falle des Petrus haben wir hierfür ein auffallen-
des Musterbeispiel. In Cäsaräa Philippi lobt Christus
den Apostel aufgrund seines von Gott inspirierten
Glaubensbekenntnisses in den höchsten Tönen. Sofort danach jedoch, als er es sich erlaubt, seinem
Meister vom „Weg des Kreuzes" abzuraten, fährt dieser ihm mit sehr harten Worten über den Mund: „Da
nahm ihn Petrus beiseite und machte ihm Vorwürfe;
er sagte: Das soll Gott verhüten, Herr! Das darf nicht

mit dir geschehen! Jesus aber wandte sich um und sagte zu Petrus: Weg mit dir, Satan, geh mir aus den Augen! Du willst mich zu Fall bringen; denn du hast nicht das im Sinn, was Gott will, sondern was die Menschen wollen." (Mt 16,22-23).

In einer Stunde, in der es kriselt und in der ihn viele Jünger verlassen, weil sie seine Rede über sein „Fleisch" und sein „Blut", die er als Speise und Trank vorstellt, nicht anzunehmen wissen, gibt er kein bisschen nach. Er feilt in keiner Weise an seinen kantigen Aussagen herum – weder aus Liebe zum Dialog, noch um einer Gemeinsamkeit willen, die auf die Wahrheit verzichtet: „Da fragte Jesus die Zwölf: Wollt auch ihr weggehen?" (Joh 6,67). Dies ist eine der dramatischsten Aufforderungen, die der Herr je formuliert hat. Man darf sie nicht aus dem Auge verlieren.

Freiheit gegenüber dem Urteil anderer

Jesus ist sogar frei vom „Schein der Tugend"; was heißen will, dass es ihm keine Sorgen bereitet, wenn Leute in übler Gesinnung über ihn Urteile fällen, die offensichtlich jeder Grundlage entbehren. Er geht seinen Weg weiter, auch wenn er seinen guten Ruf verliert: „Der Menschensohn ist gekommen, er isst und trinkt; darauf sagen sie: Dieser Fresser und Säufer, dieser Freund der Zöllner und Sünder!" (Mt 11,19).

Man könnte meinen, er hält sich selbst an die Ermahnung, die er an andere richtet: „Weh euch, wenn euch alle Menschen loben" (vgl. Lk 6,26).

Sensibles Gemüt

Es kommt oft vor, dass so ein völlig autonomer und emanzipierter Geist nach außen hin trocken wirkt, dass ihm das Elend anderer entweder gleichgültig ist oder nur geringfügig nahegeht.

Das trifft nicht auf Jesus zu: In ihm paart sich die souveräne Freiheit, die wir betrachtet haben, mit einer starken Gefühlswelt und einer breiten Skala von Empfindungen.

Wie man an der Szene erkennt, bei der ihm absichtlich am Sabbat ein Mann mit einer verdorrten Hand gegenübergestellt wird, damit er ihn heilt und man etwas in der Hand hat, um ihn anzuklagen, ist es ihm unmöglich, seinen Zorn zurückzuhalten, da man die Notlage eines Menschen für ein theologisches Streitgespräch missbraucht (vgl. Mk 3,1-6).

„Als er ein andermal in eine Synagoge ging, saß dort ein Mann, dessen Hand verdorrt war. Und sie gaben Acht, ob Jesus ihn am Sabbat heilen werde; sie suchten nämlich einen Grund zur Anklage gegen ihn. Da sagte er zu dem Mann mit der verdorrten Hand: Steh auf und stell dich in die Mitte! Und zu den anderen sagte er: Was ist am Sabbat erlaubt: Gutes zu tun oder Böses, ein Leben zu retten oder es zu vernichten? Sie aber schwiegen. Und er sah sie der Reihe nach an, voll Zorn und Trauer über ihr verstocktes Herz, und sagte zu dem Mann: Streck deine Hand aus! Er streckte sie aus und seine Hand war wieder gesund. Da gingen die Pharisäer hinaus und fassten zusammen mit den Anhängern des Herodes den Beschluss, Jesus umzubringen." (Mk 3,1-6)

Deshalb fordert er den armen Mann auf, sich vor alle in die Mitte hinzustellen, woraufhin er, wie es im Originaltext heißt, aufgrund ihrer Herzenshärte erzürnt (μετ᾽ ὀργῆς) und traurig (συλλυπούμενος) seinen Blick über alle Anwesenden streifen lässt.

Mitleidsvoll

Mit viel größerer Häufigkeit jedoch erwähnen die Evangelisten, wie er mit Menschen, die im Elend leben, Mitleid hat. Die Evangelisten benutzen hierzu ständig ein Verb, das aufgrund seiner Etymologie auch an eine damit verbundene körperliche Gefühlsregung erinnert: σπλαγχνίζεσθαι („Mitleid fühlen"), von σπλάγχνα („Eingeweide").

Es handelt sich um einen Gemütszustand, der des Erlösers habhaft wird, wenn er zum Beispiel das betrübte Klagen der beiden Blinden von Jericho hört (Mt 20,34: „Da hatte Jesus Mitleid"); wenn er eine Mutter in ihrem Schmerz erblickt, da sie dem Trauerzug folgt, der ihren einzigen Sohn, einen Jüngling, zu Grabe trägt (Lk 7,13: „Als der Herr die Frau sah, hatte er Mitleid mit ihr und sagte zu ihr: Weine nicht!"); wenn er wahrnimmt, dass vor ihm eine Menschenmenge steht, die an Hunger leidet (Mk 8,2: „Ich habe Mitleid mit diesen Menschen;

sie sind schon drei Tage bei mir und haben nichts mehr zu essen."); wenn er die verirrte und verlorene Menschheit betrachtet (Mk 6,34: „Als er… die vielen Menschen sah, hatte er Mitleid mit ihnen; denn sie waren wie Schafe, die keinen Hirten haben.").

Freundschaften

Jesus hatte einen sehr lebendigen Sinn für Freundschaften. Er schloss und pflegte sie in allen Intensitätsgraden.

Er nannte die Apostel seine „Freunde" (vgl. Joh 15,5). Damit meinte er eine zuvorkommende, aufmerksame Freundschaft, die so weit geht, dass man sich Sorgen um den anderen macht, wie zum Beispiel wenn er sich um die Apostel sorgt, weil sie übermüdet sind: „Kommt mit an einen einsamen Ort, wo wir allein sind, und ruht ein wenig aus." (Mk 6,31). Im Kreis der Zwölf fühlte er sich Petrus, Jakobus und Johannes am nächsten und so wollte er sie sowohl in der Stunde des Glanzes – bei der Verklärung (vgl. Mk 9,28), – als auch in der schmerzhaftesten Stunde, in Getsemani (vgl. Mk 14,32-42), bei sich haben. Von Johannes allein wird behauptet, dass er der Jünger war, „den Jesus liebte" (vgl. Joh 13,23; 19,5; 20,2; 21,7.20).

Es ist bezeugt, dass Jesus über den Kreis der Apostel hinaus zu den Mitgliedern der Familie in Betanien große Zuneigung empfand: „Denn Jesus liebte Marta, ihre Schwester und Lazarus." (Joh 11,5).

Kinder und Frauen

Die Freundlichkeit, mit der Jesus Kindern begegnete war bekannt: „Da brachte man Kinder zu ihm, damit er ihnen die Hände auflegte. Die Jünger aber wiesen die Leute schroff ab. Als Jesus das sah, wurde er unwillig [wörtlich: ‚konnte er es nicht ertragen' (ἠγανάκτησεν)] und sagte zu ihnen: Lasst die Kinder zu mir kommen; hindert sie nicht daran! Denn Menschen wie ihnen gehört das Reich Gottes. Amen, das sage ich euch: Wer das Reich Gottes nicht so annimmt, wie ein Kind, der wird nicht hineinkommen. Und er nahm die Kinder in seine Arme; dann legte er ihnen die Hände auf und segnete sie." (Mk 10,13-16).

Gegenüber Frauen offenbarte er große Herzensgüte und mehr als einmal ergriff er zu ihrer Verteidigung die Initiative.

Die unbekannte Frau, die beim Ehebruch ertappt worden war, rettete er vor der Steinigung (vgl. Joh 8,1-11); während eines Banketts, das ein Pharisäer für ihn hielt, lobte er trotz der abfälligen Gedanken

des Hausherrn die Sünderin, die es gewagt hatte,
einzutreten, um ihn zu salben und zu seinen Füßen
Tränen zu vergießen (vgl. Lk 7,36-50); Judas und
den anderen Gästen, die Maria, die Schwester des
Lazarus, für ihre unerwartete Geste und Ver-
schwendung kritisierten, entgegnete er trocken:
„Hört auf! Warum lasst ihr sie nicht in Ruhe? Sie
hat ein gutes Werk an mir getan..." (vgl. Mk 14,6)

Tränen und Freude

Jesus besaß ein außerordentlich strapazierfähiges
Nervenkorsett. Seine Selbstbeherrschung war groß.
Inmitten eines Sturmes, der sein Boot fast zum
Kentern bringt, ist er furchtlos und behält die Ruhe
(vgl. Mk 4,35-41). Genauso nimmt er es in Naza-
reth mit der aufgebrachten Menge, die ihn umbrin-
gen will, auf, begegnet ihr mit beeindruckender
Gemütsstärke und hypnotisiert sie fast: „Als die
Leute in der Synagoge das hörten, gerieten sie alle
in Wut. Sie sprangen auf und trieben Jesus zur
Stadt hinaus; sie brachten ihn an den Abhang des
Berges, auf dem ihre Stadt erbaut war, und wollten
ihn hinabstürzen. Er aber schritt mitten durch die
Menge hindurch und ging weg." (Lk 4,28-30).
Allerdings verhält er sich nicht wie ein unbeirr-
barer Ritter aus dem viktorianischen Zeitalter, der

es als Ehrensache ansieht, die eigenen Emotionen nicht nach außen dringen zu lassen. Im Gegenteil, Jesus hat keinerlei Skrupel, seine innere Erregung zu zeigen, wie zum Beispiel in dem Augenblick, in dem er der weinenden Maria, der Schwester des Lazarus, gegenübersteht: „Als Jesus sah, wie sie weinte... war er im Innersten erregt"; der Evangelist schreibt sogar, er „war erschüttert" (vgl. Joh 11,33). Beim Gedanken an den Tod des Freundes „weinte Jesus" [wörtlich: „brach er in Tränen aus"]; so sehr, dass die Umstehenden sagten: „Seht, wie lieb er ihn hatte!" (vgl. Lk 11,35-36).

Als er vom Ölberg aus die Stadt Jerusalem betrachtete und ihre Zerstörung voraussah, konnte er seine Tränen nicht zurückhalten: „Als er näher kam und die Stadt sah, weinte er über sie und sagte: Wenn doch auch du an diesem Tag erkannt hättest, was dir Frieden bringt." (vgl. Lk 19,41-42).

Doch lässt er sich auch vom Enthusiasmus anderer anstecken, so zum Beispiel von der Freude der Jünger, die über ihre Erfahrung, die sie bei der ersten Evangelisierung gemacht haben, glücklich sind: „Die Zweiundsiebzig kehrten zurück und berichteten voll Freude [...] In dieser Stunde rief Jesus, vom Heiligen Geist erfüllt, voll Freude aus: Ich preise dich, Vater, Herr des Himmels und der Erde" (vgl. Lk 10,17-21).

Jesus war also ein Mensch, der sowohl weinen, als auch froh sein konnte. Dass er weinen konnte, das ist uns, wie wir gesehen haben, ausdrücklich überliefert; dass er sich aber auch darauf verstand, in froher Runde gesellig beisammen zu sein, das können wir im ungünstigsten Fall davon ableiten, das die Zöllner – die gewöhnlich genießerisch und vergnügt waren – ihn gerne bei sich zum Essen einluden.

Wenn er müde und erschöpfte Menschen sah, kümmerte er sich tatkräftig um sie. Dennoch schien ihn das nicht dazu zu veranlassen, regelmäßig die Ruhe und den Frohsinn eines Mahles zu ruinieren, indem er besonders melancholische Gedanken von sich gegeben oder auf ungelegene Weise an den Hunger in der Welt erinnert hätte.

Der hl. Paulus hält sich nämlich an das Beispiel unseres Herrn, wenn er für die Christen die goldene Regel aufstellt: „Freut euch mit den Fröhlichen und weint mit den Weinenden!" (Röm 12,15).

Die jüdischen Wurzeln Jesu

Solch ein Reichtum an menschlicher Fülle könnte dazu führen, dass man Jesus so weit über alles stellt, dass er weder anthropologisch noch ethnisch-kulturell einzuordnen wäre: Er wäre dann ein Heimatloser, der nirgendwohin gehört und den keine Ketten in Bande schlagen könnten. Aber auch so würde man sich täuschen.

Jesus denkt, spricht und handelt wie ein wahrer Sohn Israels. Niemand zweifelt seinen jüdischen Wurzeln an. Wer an dieser Tatsache vorbeigeht, kann nicht behaupten, ihn wahrhaft erkannt zu haben: Das Ergebnis wäre nämlich ein anderes – und zudem unwahrscheinliches – Phantombild Christi.

Der Nazarener besitzt eine für sein Volk typische Sichtweise und Sprache und denkt dementsprechend. Häufig und spontan kommen über seine Lippen Zitate aus der Bibel. Ganz selbstverständlich kommen in seinen Reden die Namen der beim Volk bekanntesten und beliebtesten Vertreter der Nation – Abraham, Mose, David, Salomo, Jesaja, Jonas – vor.

Er beherrscht die Dialektik und den Fachjargon der Rabbiner und bedient sich ihrer bei seinen Streitgesprächen, wie zum Beispiel wenn er die Schriftgelehrten und Pharisäer zum Schweigen bringt, indem er von deren eigener Auslegung von Psalm 110 ausgeht (vgl. Mk 12,35-37; Mt 22,41-46).

„Als Jesus im Tempel lehrte, sagte er: Wie können die Schriftgelehrten behaupten, der Messias sei der Sohn Davids? Denn David hat, vom Heiligen Geist erfüllt, selbst gesagt: Der Herr sprach zu meinem Herrn: Setze dich mir zur Rechten und ich lege dir deine Feinde unter die Füße. David selbst also nennt ihn «Herr». Wie kann er dann Davids Sohn sein? Es war eine große Menschenmenge versammelt und hörte ihm mit Freude zu." (Mk 12,35-37)

Sein semitischer Stil

Der Stil seiner Reden entspricht dem der semitischen Literatur. Deswegen sind seine Sätze oft nach dem Schema des (in der hebräischen Poesie üblichen) „Parallelismus" in allen seinen Varianten aufgebaut. Wir erwähnen hier nur einige Beispiele:

Einfacher Parallelismus

„Ein Jünger steht nicht über seinem Meister und ein Sklave nicht über seinem Herrn." (Mt 10,24)

„Ihr werdet den Kelch trinken, den ich trinke, und die Taufe empfangen, mit der ich getauft werde." (Mk 10,39)

Antithetischer Parallelismus

„Jeder gute Baum bringt gute Früchte hervor, ein schlechter Baum aber schlechte. Ein guter Baum kann keine schlechten Früchte hervorbringen und ein schlechter Baum keine guten." (Mt 7,17-18)

Parallelismus
in strophischer Anordnung

Wer diese meine Worte hört und danach handelt, ist wie ein kluger Mann, der sein Haus auf Fels baute. Als nun ein Wolkenbruch kam und die Wassermassen heran fluteten, als die Stürme tobten und an dem Haus rüttelten, da stürzte es nicht ein; denn es war auf Fels gebaut.

Wer aber meine Worte hört und nicht danach

handelt, ist wie ein unvernünftiger Mann, der sein Haus auf Sand baute. Als nun ein Wolkenbruch kam und die Wassermassen heran fluteten, als die Stürme tobten und an dem Haus rüttelten, da stürzte es ein und wurde völlig zerstört. (Mt 7,24-27)

Das Herz

Auch das Herz Jesu ist das Herz eines Juden. Er liebt sein Land und sein Volk mit besonderer Intensität: In erster Linie fühlt er sich zu seinem Land und seinem Volk gesandt: „Ich bin nur zu den verlorenen Schafen des Hauses Israel gesandt." (Mt 15,24). Die erste Probe-Aussendung der Apostel ist seinem Land und seinem Volk reserviert. Er gibt ihnen hierzu ein genau begrenztes Mandat: „Geht nicht zu den Heiden, und betretet keine Stadt der Samariter, sondern geht zu den verlorenen Schafen des Hauses Israel." (Mt 10,5-6).

Außerdem haben wir schon gesehen, wie ihn das zukünftige Ende der Stadt Davids bewegt und wie er darüber in Tränen ausbricht (vgl. Lk 10,41-42).

Ein angepasster Mensch

Er ist ein gesetzestreuer Israelit, der alle rechtmäßigen Traditionen der Nation in Ehren hält. An jedem

Sabbat geht er, wie alle, zur Synagoge. Er feiert jedes Jahr nach dem vorgeschriebenen Ritus das Paschafest. Wie alle, zahlt er die Tempelsteuer: „Als Jesus und die Jünger nach Kafarnaum kamen, gingen die Männer, die die Tempelsteuer einzogen, zu Petrus und fragten: Zahlt euer Meister die Doppeldrachme nicht? Er antwortete: Doch!" (vgl. Mt 17,24-25).

Immer wieder gibt es Leute, die Gefallen daran finden, Jesus zu den politischen Revoluzzern oder sozialen Aufwieglern zu zählen; doch die Schrift bezeugt uns eher das Gegenteil. Wenn wir es in den modernen, umstürzlerischen Wortschatz kleiden wollten, müssten wir Jesus wohl als einen „Angepassten" bezeichnen.

Er respektiert jede Ordnung, sogar die Anweisung, nach der die Priester bei der Feststellung der Heilung von Leprakranken amtliche Funktionen besaßen: „Geht, zeigt euch den Priestern!" (vgl. Lk 17,14). Er hegt auch nicht die Absicht, den Platz derer zu übernehmen, denen gewöhnlich die Verwaltung der Gerichtsbarkeit untersteht: „Einer aus der Volksmenge bat Jesus: Meister, sag meinem Bruder, er soll das Erbe mit mir teilen. Er erwiderte ihm: Mensch, wer hat mich zum Richter oder Schlichter bei euch gemacht?" (Lk 12,13-14).

Seine Anpassung ist so vollständig und ergeben, dass er es vermeidet, sich in die Protestbewegung hineinziehen zu lassen, die gegen die Anwesenheit der Römer auf jüdischem Boden aufbegehrte; mehr noch, zumindest in der Praxis erkennt er das Recht der Invasoren an, die eigene Währung einzuführen und einen Tribut zu erheben (vgl. Mk 12,13-17).

„Einige Pharisäer und einige Anhänger des Herodes wurden zu Jesus geschickt, um ihn mit einer Frage in eine Falle zu locken. Sie kamen zu ihm und sagten: Meister, wir wissen, dass du immer die Wahrheit sagst und dabei auf niemand Rücksicht nimmst; denn du siehst nicht auf die Person, sondern lehrst wirklich den Weg Gottes. Ist es erlaubt, dem Kaiser Steuer zu zahlen, oder nicht? Sollen wir sie zahlen oder nicht zahlen? Er aber durchschaute ihre Heuchelei und sagte zu ihnen: Warum stellt ihr mir eine Falle? Bringt mir einen Denar, ich will ihn sehen. Man brachte ihm einen. Da fragte er sie: Wessen Bild und Aufschrift ist das? Sie antworteten ihm: Des Kaisers. Da sagte Jesus zu ihnen:

So gebt dem Kaiser, was dem Kaiser gehört, und Gott, was Gott gehört! Und sie waren sehr erstaunt über ihn." (Mk 12,13-17)

Das finanzielle Problem

Entgegen der Behauptungen einiger dämonisiert Jesus das Geld nicht. Er respektiert es und kümmert sich sogar darum, eine realistische finanzielle Basis für seine Aktivität zu finden.

Seine kleine Gemeinschaft besitzt einen Kassenführer, der ordnungsgemäß ernannt ist (vgl. Joh 12,6; 13,29), und er stützt sich auf eine Art „Institut für den Unterhalt des Klerus": „Die Zwölf begleiteten ihn, außerdem einige Frauen, die er von bösen Geistern und von Krankheiten geheilt hatte: Maria Magdalene, aus der sieben Dämonen ausgefahren waren, Johanna, die Frau des Chuzas, eines Beamten des Herodes, Susanna und viele andere. Sie alle unterstützten Jesus und die Jünger mit dem, was sie besaßen." (Lk 8,1-3).

Der Lohn im Himmel

Auch wenn er vom geistigen Leben spricht oder von der Beziehung zum Schöpfer, der alle Gerechtigkeit erfüllt, beweist Jesus seine Verwurzelung in der jüdischen Denkweise.

Er vergisst nie, auf den Lohn hinzuweisen (auch wenn es sich nur um einen jenseitigen handelt), der zum rechten Handeln anreizen soll: „Euer Lohn im Himmel wird groß sein." (vgl. Mt 5,2; Lk 6,23). Er sorgt dafür, dass wir wissen, dass der lebendige und wahre Gott kein Schüler der Ethik Kants ist; das wesentliche und notwendige Merkmal der moralischen Rechtschaffenheit eines Verhaltens ist seiner Lehre nach nicht die völlige Uneigennützigkeit: „dein Vater, der auch das Verborgene sieht, wird es dir vergelten." (vgl. Mt 6,4.6.17)

DRITTES KAPITEL

Originalität

„Eine ganz neue Lehre wird hier mit Vollmacht verkündet"

Jesus ist also ein vollkommen in die Gesellschaft Palästinas und in das Leben dieser Kultur integrierter Mensch, er ist ein Jude, der an der Kultur und der Geschichte seines Volkes bewusst teilnimmt, er ist ein Rabbiner, der von der Heiligen Schrift redet, über sie Streitgespräche führt, sie kennt und zitiert – ganz wie einer der vielen „Lehrer Israels" (vgl. Joh 3,10).

Und dennoch schlugen seine Gegenwart, seine Haltung und sein Lehramt sofort wie eine Bombe ein. Sie besaßen eine Neuheit, wie es sie ihresgleichen niemals vorher gegeben hatte. Die Gerichtsdiener des Hohen Rates, die ihn festnehmen sollten, sagen ganz überrascht und fasziniert: „Noch nie hat ein Mensch so gesprochen!" (Joh 7,46).

Schon zu Anfang seiner öffentlichen Tätigkeit nehmen seine Zuhörer wahr, dass sie vor etwas Unerwartetem, Neuem, Bewegendem stehen; und sie werden mit Furcht erfüllt. In diesem Zusammenhang ist die Reaktion der Leute von Kafarnaum von Bedeutung, wie sie uns Markus mit seiner direkten und volkstümlichen Sprache wiedergibt: „Da erschraken alle, und einer fragte den andern: Was hat das zu bedeuten? Hier wird mit Vollmacht eine ganz neue Lehre verkündet." (Mk 1,27: διδαχὴ καινὴ κατ' ἐξουσίαν).

Zweifellos hatten dazu auch die überraschenden Heilkräfte des Herrn mit beigetragen. Momentan wollen wir aber hierauf nicht weiter eingehen. Bedeutungsvoll für unsere Untersuchung ist es hingegen, festzuhalten, wie sehr diejenigen beeindruckt waren, die dem jungen Propheten und seiner von den Schriftgelehrten so unterschiedlichen Lehre zuhörten und welches Gefühl von Originalität und Kraft sie ihnen vermittelte.

Die Schriftgelehrten versuchten nur, die Heiligen Schriften mit der Sorgfalt eines Exegeten zu durchdringen; Jesus hingegen bringt die Menschen mit der Schrift in Kontakt als einer „sich erfüllenden Wirklichkeit", in die er alle eintaucht. Etwa nach der Art, wie es in der Synagoge von Nazareth geschieht: „Heute hat sich das Schriftwort, das ihr eben gehört habt, erfüllt." (vgl. Lk 4,21).

„Politisch unkorrekt"

Zu dieser neuen Lehre gehörte es auch, dass das Erbe an Wahrheiten, das Israel schon besaß und hütete, neu bewertet wurde. Aus dem Mund dieses einzigartigen Lehrers begannen damals Botschaften hervorzukommen, die unerhört klangen, die viele bis dahin als unumstößlich geltende Überzeugungen umwarfen und viele nicht mehr hinterfragte Allerweltsweisheiten in ein Krise stürzten.

So kommt es, dass Jesus zwar in voller Loyalität zum Glauben und zur Orthodoxie der Synagoge steht – er war offensichtlich von jenem Geist durchdrungen, der sich Abraham, Mose, David und den Propheten mitgeteilt hatte – und dennoch oft als unbelehrbarer Nonkonformist wirkt. Ja, um einen Begriff zu verwenden, der heute in Mode ist, verhält er sich in verschiedenen Fragen „politisch unkorrekt". Oft erkennt man an der sofortigen Reaktion seiner Umgebung die Anlässe, bei denen diese fehlende Konformität mit der allgemein akzeptierten Denkweise auf sensationelle Art und Weise an den Tag tritt.

„Politisch unkorrekt" für die Gesellschaft seiner Zeit ist zum Beispiel sein Verhalten gegenüber den Zöllnern, den Reichen, den mit den Invasoren zusammenarbeitenden Kollaborateuren, die bekanntlich Diebe waren, sowie gegenüber den öffentlichen Sünderinnen.

Wohlgemerkt macht er niemals die geringsten Abstriche bei der Verurteilung moralischer Verfehlungen. Aber dennoch ist klar ersichtlich, dass sein

soziales Umfeld Anstoß an seiner Sprache nimmt
und dass sein Verhalten Ärgernis erregt. Er hingegen
kümmert sich nicht darum und sagt sogar Dinge, die
sich auf desaströse Weise auswirken und als unangemessen und provokatorisch gelten müssen:
„Amen, das sage ich euch: Zöllner und Dirnen gelangen eher in das Reich Gottes als ihr." (vgl. Mt 21,31)

Der Primat der Innerlichkeit

Jesus weigert sich, den für die Menschen ein wahres Joch darstellenden übertriebenen Ritualismus
und extremen Legalismus der Pharisäer anzuerkennen. Demgegenüber bekräftigt er den Primat
des guten Willens und der reinen Absicht.

Aus dem gleichen Grund lehnt er die Unterschei-
dung zwischen reinen und unreinen Speisen ab
(nach dem Buch Levitikus gehören verschiedene
Tiergattungen zu den essbaren Speisen, andere
nicht): Seiner Meinung nach können in Überein-
stimmung mit dem ursprünglichen Plan des Schöpfers dem Menschen alle Tiere zur Speise dienen.

Im Evangelium wird berichtet, wie man von offi-
zieller Seite aus auf diese nicht konforme Stellungnahme reagierte: „Und er rief die Leute zu sich
und sagte: Hört und begreift: Nicht das, was durch
den Mund in den Menschen hineinkommt, macht

ihn unrein, sondern was aus dem Mund des Menschen herauskommt, das macht ihn unrein. Da kamen die Jünger zu ihm und sagten: Weißt du, dass die Pharisäer über deine Worte empört sind?" (Mt 15,10-12).

Doch in dieser Frage will er weder nachgeben, noch Kompromisse schließen. Im Haus angelangt erklärt er dann seine Sichtweise ganz genau: „...das, was von außen in den Menschen hineinkommt, [kann] ihn nicht unrein machen... Denn es gelangt ja nicht in sein Herz, sondern in den Magen und wird wieder ausgeschieden. Damit erklärte Jesus alle Speisen für rein. Weiter sagte er: Was aus dem Menschen herauskommt, das macht ihn unrein. Denn von innen, aus dem Herzen der Menschen, kommen die bösen Gedanken, Unzucht, Diebstahl, Mord, Ehebruch, Habgier, Bosheit, Hinterlist, Ausschweifung, Neid, Verleumdung, Hochmut und Unvernunft. All dieses Böse kommt von innen und macht den Menschen unrein." (vgl. Mk 7,18-23).

Armut als Schatz

Jesus verhält sich „politisch unkorrekt", wenn er entgegen dem allgemeinen Verständnis Israels behauptet, Reichtum sei eher ein Risiko als ein Segen und dass ein Leben in Armut im Rahmen einer dem Geist verpflichteten Sichtweise als ein Privileg anzusehen sei (vgl. Mt 5,3; Lk 6,20-25).

„Er richtete seine Augen auf seine Jünger und sagte: Selig, ihr Armen, denn euch gehört das Reich Gottes. Selig, die ihr jetzt hungert, denn ihr werdet satt werden. Selig, die ihr jetzt weint, denn ihr werdet lachen. Selig seid ihr, wenn euch die Menschen hassen und aus ihrer Gemeinschaft ausschließen, wenn sie euch beschimpfen und euch in Verruf bringen um des Menschensohnes willen. Freut euch und jauchzt an jenem Tag; euer Lohn im Himmel wird groß sein. Denn ebenso haben es ihre Väter mit den Propheten gemacht. Aber weh euch, die ihr reich seid; denn ihr habt keinen Trost mehr zu erwarten. Weh euch, die ihr jetzt satt seid; denn ihr werdet hungern. Weh euch, die ihr jetzt lacht; denn ihr werdet klagen und weinen." (Lk 6,20-25)

Die Jünger bringen sofort ihre Verwunderung zum Ausdruck: „Die Jünger waren über seine Worte bestürzt. Jesus aber sagte noch einmal zu ihnen: Meine Kinder, wie schwer ist es, in das Reich Gottes zu kommen! Eher geht ein Kamel durch ein Nadelöhr, als dass ein Reicher in das Reich Gottes gelangt. Sie aber erschraken noch mehr und sagten zueinander: Wer kann dann noch gerettet werden?" (Mk 10,23-26).

Die Absage an die Scheidung

In Griechenland, Rom und allen antiken Gesellschaften unumstritten, erlaubt und praktiziert, traf die Scheidung nicht einmal in der Welt der Israeliten auf Widerstand. Bestenfalls kann man festhalten, dass es unterschiedliche Meinungen in Bezug auf die Gründe gab, die sie motivieren konnten.

Trotzdem erklärt Jesus ohne Zögern – und stellt sich damit in Gegensatz zur ausdrücklichen Genehmigung, die im Gesetz des Mose erteilt wird: „Wer seine Frau aus der Ehe entlässt und eine andere heiratet, begeht ihr gegenüber Ehebruch. Auch eine Frau begeht Ehebruch, wenn sie ihren Mann aus der Ehe entlässt und einen anderen heiratet." (Mk 10,11-12). Und um klarzustellen, dass dieses Prinzip keinerlei Ausnahme erlaubt, nicht einmal zugunsten des verlassenen Ehepartners, der selbst die Trennung nicht wollte, fügt er hinzu: „Wer eine Frau heiratet, die aus der Ehe entlassen worden ist, begeht Ehebruch." (Mt 5,32).

Vielleicht mehr als in allen anderen Fällen erweist er sich hier als „politisch unkorrekt". Ja, es kommt zur Reaktion vonseiten der Jünger, die dieses Wort als befremdlich empfinden und in fast sarkastischer Weise schlussfolgern: „Da sagten die Jünger zu ihm: Wenn das die Stellung des Mannes in der Ehe ist, dann ist es nicht gut zu heiraten." (Mt 19,10).

Das Angebot des Zölibats um des Himmelreiches willen

Wie sehr muss es sie aus der Fassung gebracht haben, als sie die Antwort des Herrn vernahmen: Anstatt von ihrer Befremdung und ihrem Sarkasmus beeindruckt zu sein, bietet er ihnen allen Ernstes das Ideal der vollkommenen Keuschheit an und stellt das, was gegen jede Überzeugung von Juden und Nicht-Juden geht, als möglich und wünschenswert dar: „Nicht alle können dieses Wort erfassen, sondern nur die, denen es gegeben ist. Denn es ist so: Manche sind von Geburt an zur Ehe unfähig, manche sind von den Menschen dazu gemacht, und manche haben sich selbst dazu gemacht – um des Himmelreiches willen. Wer das erfassen kann, der erfasse es." (Mt 19,11-12).

Noch niemals zuvor hatte man in Israel eine Meinung vertreten, die so sehr dem allgemeinen Dafürhalten widersprach und die auch in der Wortwahl dermaßen anstößig und provozierend geklungen hätte.

Die geheime Quelle der Originalität

Von woher bezieht Jesus die notwendige Klarheit und Energie, um seinen Worten und Taten eine so sichere und mutige Originalität zu verleihen? Welche verborgene Quelle speist seine Gedanken, nährt seine Entschlüsse, steht hinter dem Verhalten dieses ungewöhnlichen „Lehrers in Israel" und macht alles fruchtbar? Was verleiht allen Ausdrucks- und Handlungsweisen Christi Einheit und macht sie zu Werkzeugen, die im Dienst eines Lehramts der Wahrheit stehen, das einerseits die Treue zum Alten Testament bewahrt, aber andererseits Staunen hervorruft und sich gerade aufgrund seiner Neuheit geradezu aufdrängt?

Wie man sieht, hat uns der Einblick in das Seelenleben des Nazareners bis zur Schwelle jenes Geheimnisses geführt, das er am eifersüchtigsten hütet. Wir werden versuchen, mithilfe unserer

Untersuchung einen Blick in dieses Geheimnis zu werfen, wobei uns stets das Kriterium und Maßstab bleiben wird, was die menschlichen Verfasser der Heiligen Schrift aufgezeichnet und berichtet haben.

Bei einer solchen Untersuchung drängt sich folgendes Ergebnis sofort mit aller Klarheit auf: Jede Seite des Evangeliums vermittelt uns die Gewissheit, dass Jesus einen äußerst stark entwickelten „Sinn für den Vater" hatte und dass diese Beziehung den Zweck und die Herzmitte seines inneren Lebens ausmachte.

Die Vaterschaft Gottes im Alten Testament

Sich Gott als Vater vorzustellen, war eine den Juden nicht unbekannte geistliche Haltung. Der Prophet Hosea hatte die väterliche Sorge Jahwes gegenüber Israel auf rührende Weise in Bildern beschrieben, die es wert sind, hier aufgeführt zu werden:

„Als Israel jung war, gewann ich ihn lieb, ich rief meinen Sohn aus Ägypten...

Ich war es, der Efraim gehen lehrte, ich nahm ihn auf meine Arme...

Mit menschlichen Fesseln zog ich sie an mich, mit den Ketten der Liebe.

Ich war da für sie wie die (Eltern), die den Säugling an ihre Wangen heben. Ich neigte mich ihm zu und gab ihm zu essen. (vgl. Hos 11,1-4)

Die Vaterschaft Gottes bezieht sich hier in erster Linie auf das erwählte Volk als Ganzes. „Ich bin Israels Vater" (vgl. Jer 31,9), behauptet der Schöpfer in den prophetischen Texten, wo er das bisweilen zum Anlass nimmt, um sich zu beklagen: „Wenn ich der Vater bin - wo bleibt dann die Ehrerbietung?" (Mal 1,6). „Sohn Gottes" ist auch der Monarch des Volkes, der kraft seiner königlichen Salbung die ganze Nation persönlich vertritt und darstellt: „Er wird zu mir rufen: Mein Vater bist du, mein Gott, der Fels meines Heiles." (Ps 89,27).

Es ist nur natürlich dass man von hier aus zur Überzeugung gelangt, dass der Gott Israels „ein Vater der Waisen, ein Anwalt der Witwen ist" (Ps 86,6) und dass „wie ein Vater sich seiner Kinder erbarmt, [der Herr sich so] über alle erbarmt..., die ihn fürchten." (Ps 103,13). So gelangt man von der Gesamtheit auch bis hin zur Deutung, die den Einzelnen erfasst, aufgrund derer dann jeder Gerechte sich rühmt, „Gott sei sein Vater." (vgl. Weish 2,16).

Christus und sein Sinn für den Vater

Keiner in Israel hatte jedoch jemals von der Vaterschaft Gottes eine solch klare, bewegende, innige Erfahrung wie Jesus gemacht. Der warmherzige und liebevolle Gedanke an den Vater prägte alle seine Reden, seine Werke, seine Stunden: Es gibt im Evangelium keine Seite, die hierfür nicht Zeugnis ablegen würde.

„Wusstet ihr nicht, dass ich in dem sein muss, was meinem Vater gehört?" (Lk 2,49) lautet der erste Satz, den man seinen Lippen entnommen und uns überliefert hat. Der letzte Satz lautet: „Vater, in deine Hände lege ich meinen Geist." (Lk 23,46). Man könnte sagen, dass alle weiteren dazwischenliegenden Worte entweder eine Rede zum Vater oder eine Rede über den Vater und über dessen Heilsplan sind.

Um sich nach Belieben und mit ungeteilter Aufmerksamkeit mit dem Vater unterhalten zu können – das heißt, um zu beten –, verteidigt Jesus gegenüber einem stets mit Beschäftigungen angefüllten Tagesablauf hartnäckig die Räume des Schweigens und der Absonderung. Er betet in dem Augenblick, in dem er im Jordan getauft wird (vgl. Lk 3,21); er betet, ehe er die Unglücklichen, die man zu ihm geführt hat, behandelt (vgl. Mk 7,34; 9,29; Joh 11,41; Mt 14,19; usw.); er betet die ganze Nacht über, ehe er seine Apostel auswählt (vgl. Lk 6,12-15); am Ende des letzten Abendmahls verrichtet er ein längeres Gebet (vgl. Joh 17,1-26); er betet, um sich auf die schreckliche Prüfung der Passion vorzubereiten (vgl. Mt 26,36-42; Mk 14,32-39); Lk 22,39-46).

„Zusammen mit dem ganzen Volk ließ auch Jesus sich taufen. Und während er betete, öffnete sich der Himmel."
(Lk 3,21)

Das Gebet des Herrn

Worüber spricht er in jenen Gesprächen mit seinem Vater? Alle Empfindungen, die das aufrechte Gebet eines Geschöpfes in seiner Hauptsache ausmachen, gehörten auch zu seinem Beten:

- die Anbetung und der Lobpreis (vgl. Mt 11,25: ἐξομολογοῦμαι);

- die Dankbarkeit (vgl. Joh 11,41: εὐχαριστῶ);
- die Bitte um die Ehre Gottes (vgl. Joh 12,28: „Vater, verherrliche deinen Namen");
- die Fürsprache für die Freunde (vgl. Joh 17,11: „Bewahre sie in deinem Namen, den du mir gegeben hast");
- die Fürbitte für die Feinde (vgl. Lk 23,34: „Vater, vergib ihnen, denn sie wissen nicht, was sie tun").

Was es bei ihm allerdings nicht gibt, ist die Reue, die Bitte um Vergebung und auch nicht jene Verwirrung und jenes Zittern, das von jedem Herz Besitz ergreift, das nicht oberflächlich ist, wenn es sich in die Gegenwart dessen versetzt fühlt, der „heilig" ist, das heißt in die Gegenwart des Jenseitigen, des Ewigen, des Unermesslichen; das heißt jenen Gemütszustand, den wir zum Beispiel in der Vision dargestellt finden, die der Prophet Jesaja vom Tempel gehabt hat (vgl. Jes 6,5). Von all dem gibt es in Jesu Gebet keine Spur.

Einsamkeit, zweisam

So wird verständlich, wie es Jesus gelingen kann, in Gelassenheit die etabliertesten Meinungen und Verhaltensweisen in Frage zu stellen, die gesellschaftlich allgemein akzeptiert sind: Es ist diese kindliche Gemeinschaft mit Gott, die ihm eine Einsicht schenkt, die jede rein menschliche Logik übersteigt, und ihm die nötige Kraft verleiht, um gelassen Standpunkte zu vertreten und beizubehalten, die auch unpopulär sind und ihn als Einzelgänger dastehen lassen.

Die Evangelien berichten sogar, wie gerne und mit welcher Leichtigkeit er sich damit abfindet, allein zu sein – vor allem, wenn er sich nicht von Perspektiven vereinnahmen lassen will, die ihm fremd sind: „Daher zog er sich wieder auf den Berg zurück, er allein." (vgl. Joh 6,15). Übrigens ist er in der Einsamkeit niemals allein: „...ich bin nicht allein, denn der Vater ist bei mir." (Joh 16,32; vgl. auch Joh 8,16.29).

„Ja, Vater"

Worauf es ihm wirklich ankommt, ist sein harmonisches Verhältnis zum Vater und die vollkommene und feste Zustimmung zu dessen Willen. Hierin findet er seinen Halt und seine Kraft: „Meine Speise ist es, den Willen dessen zu tun, der mich gesandt hat, und sein Werk zu Ende zu führen." (Joh 4,34).

Den Willen Gottes zu tun, ist nicht immer eine Aufgabe, die leicht und schmerzlos ist, nicht einmal für ihn. Auf dramatische Weise zeigt uns das seine Agonie im Garten Getsemani: „Mein Vater, wenn es möglich ist, gehe dieser Kelch an mir vorüber. Aber nicht wie ich will, sondern wie du willst." (Mt 26,39).

Vom Verfasser des Hebräerbriefs erhalten wir ein weiteres wertvolles Zeugnis von diesem beeindruckenden Moment, insofern als er nämlich eine Anmerkung hinzufügt, die uns vielleicht überrascht, die aber nicht übergangen werden darf: „Als er auf Erden lebte, hat er mit lautem Schreien und unter Tränen Gebete und Bitten vor den gebracht, der ihn aus dem Tod retten konnte, und er ist erhört und aus seiner Angst befreit worden. Obwohl er der Sohn war, hat er durch Leiden den Gehorsam gelernt;" (Hebr 5,7-8).

„Ja, Vater" (vgl. Mt 11,26: ναί ὁ Πατήρ): Dieses kleine Wort, das wir auf den Lippen des Herrn finden, ist vielleicht die beste Zusammenfassung seiner gesamten Innenwelt und der geheime Quell, aus dem das entspringt, was er gesagt und getan hat.

Wahrscheinlich möchte der hl. Paulus nichts anderes zum Ausdruck bringen, wenn er schreibt: „Jesus Christus... ist nicht als Ja und Nein zugleich gekommen; in ihm ist das Ja verwirklicht." (2 Kor 1,19).

Ein liebevoller Schöpfer

Wenn man mit dieser Hartnäckigkeit und Klarheit dem Gott Israels die Eigenschaft, Vater zu sein, zuerkennt, dann heißt das bei Licht betrachtet, die dem Judentum eigene Lehre vom Ursprung aller Dinge in Jahwe in allen ihren Konsequenzen ernst zu nehmen. Vor allem aber bedeutet es, sich bewusst zu werden, von welch vorrangiger Bedeutung die Liebe des Schöpfers zum Werk seiner Hände ist.

„[D]er Vater selbst liebt euch" (Joh 16,27): Das ist die schlichte und zugleich außergewöhnliche Wahrheit, die der Herr seinen Jüngern – sagen wir es einmal so – als sein besonderes Erbe hinterlässt. Der Gott Jesu ist ein Gott, der sich aus Liebe um alles, was er ins Dasein gerufen hat, kümmert, sogar um die Vögel des Himmels und die Blumen des Feldes (vgl. Mt 6,26-30). Umso mehr liebt er die Kinder Adams und kümmert sich um sie, ohne seine Liebe von ihrem Verhalten abhängig zu machen: „[E]r lässt seine Sonne aufgehen über Bösen und Guten, und er lässt regnen über Gerechte und Ungerechte." (vgl. Mt 5,45).

Der heilige Johannes wird in seinem ersten Brief die theologische Sichtweise seines Meisters zusammenfassen und in einem kurzen Satz auf prägnante Weise ausdrücken: „Gott ist die Liebe" (1 Joh 4,8).

Antworten wir mit Liebe

Da es nur recht und billig ist, dass Kinder ihrem Vater ähneln, ergibt sich aus diesem Gottesbegriff das Lebensideal für uns: „Ihr sollt also vollkommen sein, wie es auch euer himmlischer Vater ist." (Mt 5,48). Natürlich ist das ein Ziel, das man nie erreichen kann und deswegen birgt dieser Ausspruch ein Paradox. Er dient aber dazu, um auf energischste Weise zum Ausdruck zu bringen, dass auch in unserem Handeln alles von der Liebe inspiriert sein muss – wie im Handeln Gottes.

Deswegen lehrt Jesus: „Seid barmherzig, wie es auch euer Vater ist!" (vgl. Lk 6,36); und erteilt uns sogar einen letzten Ratschlag: „Ein neues Gebot gebe ich euch: Liebt einander!" (vgl. Joh 13,34).

Die einzig angemessene Antwort auf die Liebe ist aber die Liebe selbst: Die Liebe eines Vaters zu seinen Kindern weckt in diesen Kindern die Liebe zu ihm und verlangt nach ihr. Darin besteht das Wesen der Religion – nicht in einer detaillierten Liste von Geboten und Riten.

Wundern wir uns also nicht über die Entschlossenheit, mit der der Nazarener das Herzstück und den Kern der ganzen Rede vom Gott Israels bestimmt: „Meister, welches Gebot im Gesetz ist das wichtigste? Er antwortete ihm: Du sollst den Herrn, deinen Gott, lieben mit ganzem Herzen, mit ganzer Seele und mit all deinen Gedanken. Das ist das wichtigste und erste Gebot. Ebenso wichtig ist das zweite: Du sollst deinen Nächsten lieben wie dich selbst. An diesen beiden Geboten hängt das ganze Gesetz samt den Propheten." (Mt 22,36-40).

Das Ende des religiösen Nationalismus

Angesichts dessen ist jede nationalistische Verschlossenheit überwunden. Und somit hat Jesus weiterhin Gelegenheit, „politisch unkorrekt" zu handeln, also mit der Mentalität seiner Mitbürger zusammenzustoßen.

In diesem Sinne ist das Ereignis in der Synagoge von Nazareth vielsagend, da er absichtlich aus der Geschichte Israels einige Tatsachen provokativen Inhalts aufführt: „In Israel gab es viele Witwen in den Tagen des Elija, als der Himmel für drei Jahre und sechs Monate verschlossen war und eine große Hungersnot über das ganze Land kam. Aber zu keiner von ihnen wurde Elija gesandt, nur zu einer Witwe in Sarepta bei Sidon. Und viele Aussätzige gab es in Israel zur Zeit des Propheten Elischa. Aber keiner von ihnen wurde geheilt, nur der Syrer Naaman. Als die Leute in der Synagoge das hörten, gerieten sie alle in Wut. Sie sprangen auf und trieben Jesus zur Stadt hinaus; sie brachten ihn an den Abhang des Berges, auf dem ihre Stadt erbaut war, und wollten ihn hinabstürzen." (Lk 4,25-29).

Die Botschaft Christi innerhalb der Religionsgeschichte

Niemand ist kraftvoller und mit mehr Intensität für die universale Vaterschaft Gottes eingetreten. Unermüdlich erinnert er seine Zuhörer daran und lässt in seiner Rede das „euer Vater" erklingen, das „euer Vater im Himmel", das „euer himmlischer Vater", das „euer Vater, der das Verborgene sieht": Das ist die zentrale Wahrheit, die unsere Existenz bestimmen soll.

Niemand hat wie er ausdrücklich und bewusst die Liebe als die Seele, den Sinn, den Höhepunkt jeder Beziehung zu Gott und als die Grundhaltung aufgezeigt, die das Zusammenleben unter den Menschen bestimmen sollte.

Unter den verschiedenen Lehrmeinungen über den Menschen findet man vor ihm keine, die auf so wirksame Weise den Primat des „Herzens" unterstrichen hätte, das heißt den der inneren Welt gegenüber jeder Äußerlichkeit und jeder Formlosigkeit.

All das sollte eigentlich genügen, um uns davon zu überzeugen, dass das Christentum innerhalb der Religionsgeschichte Überraschendes zur Sprache gebracht und eine authentische Revolution der Ideen herbeigeführt hat.

Und dennoch haben wir es damit noch nicht geschafft, den spezifischen und springenden Punkt zu erfassen, der dem Propheten von Nazareth seine Originalität verleiht, das, was ihm eigentlich und auf entscheidende Weise seine Identität verleiht, den Kern seines inneren Lebens. Wir befinden uns immer noch an der Oberfläche dieses einzigartigen Innenlebens. Noch haben wir also nicht den Schlüssel in der Hand, der uns wirklich Zugang zu dem Mysterium verschafft, das diese außerordentlich Persönlichkeit umgibt, die seit zweitausend Jahren über das Geistesleben der Menschheit emporragt und es bestimmt.

„Mein Vater"

Was aus Jesus einen Fall für sich macht, ist seine Überzeugung, mit dem Gott Israels in einer realen Beziehung zu stehen, in einer Beziehung, die nur auf ihn zutrifft und nur für ihn gilt. Wenn er im Schöpfer des Himmels und der Erde einen „Vater" hatte erkennen können, dann lag das daran, dass er sich – noch zuvor – selbst als seinen Sohn wahrgenommen hat: als seinen „Sohn" in einem ureigensten, unverwechselbaren Sinn, was in seiner vollen und authentischen Bedeutung überhaupt nicht mitteilbar ist.

Gott – so wiederholt er ständig – ist „mein Vater": All seine Gefühle, Worte und Werke sind von dieser Überzeugung inspiriert und beherrscht, was, wenn wir darüber auch nur einen Moment lang nachdenken, uns in Staunen versetzen muss.

Die anderen sind sehr wohl „seine Brüder", denn auch sie sind „Söhne Gottes", „seine geringsten Brüder", wie er sich einmal ausdrückt (vgl. Mt 25,40). Er nennt seine Jünger besonders gern „Brüder". Und so sagt er zu Maria Magdalena: „Geh zu meinen Brüdern" (vgl. Joh 20,17). Doch ihr „Sohnsein" unterscheidet sich von dem seinen.

Man kann ihn nie dabei überraschen, dass über seine Lippen das Wort „Vater Unser" kommt, es sei denn, er lehrt andere ein Gebet, das er nicht mitbetet: „So sollt ihr beten: Unser Vater...": οὕτως οὖν προσεύχεσθε ὑμεῖς · Πάτερ ἡμῶν).

Im geheimnisvollen Licht des Ostermorgens scheint seine Rede hierüber fast akribisch genau zu werden: „Ich gehe hinauf zu meinem Vater und zu eurem Vater" (vgl. Joh 20,17).

Ein echtes Original

Die verschiedenen Berichte im Evangelium, die mit ungeheurer Sorgfalt die Aussagen Christi in Bezug auf „seinen" und „unseren" Vater zusammengestellt haben, sind übereinstimmend, eindringlich und lassen keinen Irrtum zu. Selbst mit rein historisch belegten Daten kann man nur schwerlich zu einem anderen Ergebnis kommen: Ob Glaubende oder Nicht-Glaubende, keiner kann daran zweifeln, dass Jesus von Nazareth völlig davon überzeugt war, auf ganz einzigartige und nicht mitteilbare Weise Sohn des Gottes Israels zu sein.

Kein Mensch, keiner der großen Meister der Menschheitsgeschichte, kein Religionsgründer hat jemals einen ähnlichen Gedanken geäußert. Er hingegen versteht diese Bezeichnung („Sohn Gottes") als ganz allein auf ihn zutreffend.

Völlig verwiesen auf den Vater

Das Bewusstsein von seiner eigenen Größe und Einzigartigkeit entsteht Jesus auf der Grundlage dieser ursprünglichen Sichtweise. Es handelt sich um eine

Größe und eine Einzigartigkeit, die er vom ihrem Wesen her als relativ erfasst: Sie leitet sich völlig von dem ab, was er in einer Weise und in einem Maß vom Vater empfängt, wie es nur ihm zukommt.

Dies kann uns einen typischen und erstaunlichen Aspekt der Verkündigungstätigkeit Christi erklären: Jesus spricht dauernd über sich, und sagt dabei Dinge, die man unmöglich ertragen könnte, wenn sie andere Menschen im Munde führen würden und dennoch gibt er dabei nicht im geringsten den Eindruck, arrogant oder eitel zu sein.

Nie hat jemals ein Mensch zu behaupten gewagt: „Wer sich nun vor den Menschen zu mir bekennt, zu dem werde auch ich mich vor meinem Vater im Himmel bekennen. Wer mich aber vor den Menschen verleugnet, den werde auch ich vor meinem Vater im Himmel verleugnen." (Mt 10,32-33). oder auch: „Wer Vater oder Mutter mehr liebt als mich, ist meiner nicht würdig, und wer Sohn oder Tochter mehr liebt als mich, ist meiner nicht würdig."

Das sind Aussagen, die aus dem Zusammenhang gerissen sicherlich verwirren können, die aber in vollkommener Harmonie mit der Psychologie dessen stehen, der weiß, dass er der „Eingeborene des Vaters" ist (vgl. Joh 1,14) – wie es der Evangelist Johannes dem Denken seines Meisters gegenüber treu ausgelegt hat.

„Und das Wort ist Fleisch geworden, und hat unter uns gewohnt, und wir haben seine Herrlichkeit gesehen, die Herrlichkeit des einzigen Sohnes vom Vater, voll Gnade und Wahrheit. Johannes legte Zeugnis für ihn ab und rief: Dieser war es, über den ich gesagt habe: Er, der nach mir kommt, ist mir voraus, weil er vor mir war. Aus seiner Fülle haben wir alle empfangen, Gnade über Gnade." (Joh 1,14-16)

Abschluss

Wir haben von Jesus ein Phantombild entworfen, indem wir die zur Verfügung stehenden Daten zu Hilfe nahmen und sie so weit aufarbeiteten, wie es uns die historische Methode und die Rückschlüsse erlaubten, die wir über sein Innenleben angestellt haben.

Zum Abschluss können wir nun kurz festhalten,

worin der Gewinn und worin die Grenzen einer solchen Untersuchung liegen.

Die Menschheit Christi ist – so hoffen wir wenigstens – aus einer nebulösen Wolke heraus etwas ans Licht getreten, aus einer Begrifflichkeit, in die sie nicht selten aufgrund von Gewöhnung, Wiederholung und wegen ihres vermeintlich selbstverständlichen Charakters getaucht ist, was sie schablonen- haft und nichtssagend erscheinen lässt. Unser Einblick sollte sich hierdurch vertieft haben – und dementsprechend auch die Freundschaft und die Zuneigung zu demjenigen, der wohlgemerkt „der Schönste unter den Menschen" ist (vgl. Ps 45,3).

Nach dieser Untersuchung, die sich rigoros auf die einzig glaubwürdigen, in unserem Besitz befindlichen Quellen stützt, sollten sich darüber hinaus die verschiedenen oberflächlichen, willkürlichen, ideologisierenden Darstellungen der Gestalt des Nazareners und auch die allzu bequemen Auslegungsweisen seiner Lehre als unmögliche und verkehrte Ansätze erwiesen haben.

Jetzt muss die Untersuchung aber weitergeführt werden, um tatsächlich auch die tiefe und letzte Realität jener Person zu erfassen, die wir im Jahr 2000 feiern. Man darf jetzt nicht mehr nur den eigenen Kräften und der auch weiterhin notwendigen intellektuellen Aufrichtigkeit vertrauen: Man muss darüber hinausgehen.

Das was uns „Fleisch und Blut offenbaren" (vgl. Mt 16,17), das heißt ein lediglich menschliches Erkenntnisprinzip, reicht nicht aus, um auf erlösende Weise in das Geheimnis Christi einzudringen. Es bedarf auch einer Erleuchtung von oben her und einer Teilhabe an Gottes eigener Intelligenz, denn „niemand kennt den Sohn, nur der Vater" (vgl. Mt 11,27).

Der Ansatz muss auch weiterhin logisch unanfechtbar und vernünftig bleiben, aber er muss so weiter geführt werden, dass er sich auch dem Licht des Glaubens öffnet: dem Glaubensakt Petri (vgl. Mt 16,16: „Du bist der Messias, der Sohn des lebendigen Gottes!"), dem Glaubensakt des Paulus (vgl. Röm 4,25: „Wegen unserer Verfehlungen wurde er hingegeben, wegen unserer Gerechtmachung wurde er auferweckt."), dem Glaubensakt, den das vierte Evangelium als Krönung seiner ganzen Katechese setzt (vgl. Joh 20,28: „Mein Herr und mein Gott!").

Unsere Meditation wird nun eigentlich theologisch und kann daher in Jesus von Nazareth den Messias betrachten, den Auferstandenen, den einzigen Erlöser aller, den Herrn des Universums, den Sohn, der eines Wesens mit dem Vater ist, den „wahren Gott vom wahren Gott".

TEIL

2

Vertiefung des Geheimnisses Christi

Prämisse

Von nun ab wird unsere Recherche – oder besser unsere liebevolle Betrachtung – über die geheimnisvolle und unerhörte Persönlichkeit Jesu von Nazareths von ganz anderer Art sein. Wir haben nun vor, über sein Dasein als Mensch, wie es von denjenigen wahrgenommen werden konnte, die sich ihm in den Tagen seines irdischen Lebens näherten und wie es in großem Umfang mit jener historischrationalen Methode, die wir bis hierher benutzt haben, erschlossen werden kann, hinauszugehen. Bisher schlugen wir diesen Weg ein, um sein Dasein als Mensch der Aufmerksamkeit aller, ob Glaubender oder Nicht-Glaubender zu empfehlen; nun wollen wir uns auf das Abenteuer einlassen, die Tiefe seines Geheimnisses so weit wie möglich zu ergründen: Das heißt, wir wollen erkennen, wer er wirklich ist, wer er für uns und für unser Heilsbedürfnis ist und welcher Platz ihm im lebendigen „Organismus" des Universums zukommt.

Natürlich wird uns die bloße Vernunft für eine solche Untersuchung nicht ausreichen: Wir werden uns eines höheren Lichts bedienen müssen, das heißt einer Teilhabe an der Erkenntnis, die Gott selbst von sich hat. Übrigens hat Jesus selbst uns darauf aufmerksam gemacht, dass dies nötig ist, als er sagte: „[N]iemand kennt den Sohn, nur der Vater" (vgl. Mt 11,27).

„Mir ist von meinem Vater alles über-gegeben worden; niemand kennt den Sohn, nur der Vater, und niemand kennt den Vater, nur der Sohn und der, dem es der Sohn offenbaren will." (Mt 11,27)

Selbst wenn wir uns unter anderem damit be-schäftigen, die Positionen der Nicht-Glaubenden in Augenschein zu nehmen und wir weiterhin einen aufrechten Gebrauch von der Vernunft ma-chen werden, so wird unser Ansatz doch nun jener sein, wie er unter Gläubigen Akzeptanz findet.

Wir werden bei unseren Überlegungen die folgende drei Themen behandeln:

- der „Sohn des lebendigen Gottes"
- der „Erlöser"
- das „Haupt".

ERSTES KAPITEL

Der Sohn des lebendigen Gottes

Wer ist Jesus Christus?

Lesen wir eine bekannte Passage aus seinem Leben, die dem Evangelium nach Matthäus entnommen ist: „Als Jesus in das Gebiet von Cäsarea Philippi kam, fragte er seine Jünger: Für wen halten die Leute den Menschensohn? Sie sagten: Die einen für Johannes den Täufer, andere für Elija, wieder andere für Jeremia oder sonst einen Propheten. Da sagte er zu ihnen: Ihr aber, für wen haltet ihr mich? Simon Petrus antwortete: Du bist der Messias, der Sohn des lebendigen Gottes! Jesus sagte zu ihm: Selig bist du, Simon Barjona; denn nicht Fleisch und Blut haben dir das offenbart, sondern mein Vater im Himmel." (Mt 16,13-17).

Schema und Inhalt dieser ersten Überlegung werden wir diesem kurzen Dialog entnehmen.

Wie man erkennen kann, stellt Jesus hier selbst die Frage, „wer Christus ist". Und dabei fällt auf, dass sein Interesse auf zwei Dinge gerichtet ist:

1) Für wen halten die Leute den Menschensohn? Welche Meinungen über mich kursieren in der Welt?

2) Ihr aber, für wen haltet ihr mich? Ihr, die ihr meine Kirche seid, ihr, die ihr in Petrus euer offizielles Sprachrohr besitzt? Was erzählt ihr den Menschen über mich?

Auch wir werden nun zuerst hören, was die „Leute" sagen und dann, was die Kirche sagt:

- die „Leute", das heißt die außerkirchliche Welt, die Menschen, denen wir im Alltagsleben begegnen, in Büchern, in Zeitungen, in täglichen Gesprächen, Leute, die in jedem von uns, solange wir auf Erden leben, noch irgendwie gegenwärtig sind;

- die Kirche, das heißt die apostolische Kirche, so wie sie sich uns durch die Schriften der ersten christlichen Gemeinden mitteilt; die apostolische Kirche, deren Glaube für die Kirche von heute und morgen immer normierende Kraft besitzt und besitzen wird; die Kirche, die jedem von uns seit seiner Taufe unauslöschlich ins Wesen geschrieben ist.

Wir werden diese beiden sich gegenüberstehenden Mentalitäten befragen, denn man darf nie vergessen, dass die Grenzen zwischen der „Welt" und der Kirche nicht nur äußerlich sind, sondern auch mitten durch das Herz jedes Menschen verlaufen, also auch unser eigenes Herz durchziehen.

Stellen wir darum schnell einander die außerkirchliche und die kirchliche Erkenntnis Christi gegenüber. Bleiben wir uns dabei jedoch wohl bewusst, dass man, nur indem man in der Kirche bleibt – mehr noch, indem man Kirche bleibt –, fähig ist, zum Geheimnis Jesu von Nazareth, das heißt zu dem, was er wirklich ist, zu gelangen; die Rede ist von dem, was weder „Fleisch" noch „Blut" (also weltliche Erkenntnis) erfassen, was also nur vom Vater offenbart wird, das heißt von dem, was mit den Augen des Glaubens wahrgenommen werden kann.

a) Für wen halten die Leute Jesus Christus?

Wenn man bei der Frage nach Christi Identität auf die Leute hört, dann gelangt man nicht zu einer Gewissheit, vielmehr steht man einer Vielzahl von Meinungen gegenüber. Zählen wir sie in etwa auf und ordnen wir sie ungefähr der Einfachheit halber nach drei Gruppen.

1.a) Jesus ist für viele ein Mythos, der das Dasein bereichert und verziert, jedoch ein Mensch, der nie existiert hat; etwa so wie Orpheus in der griechischen Welt der Antike oder, etwas demütiger, wie der Weihnachtsmann im modernen und verweltlichten Westen.

b) Oder man hält ihn für einen legendären Menschen, der, eben weil er nie existiert hat, Schritt für Schritt mit den Eigenschaften der Gottheit ausgeschmückt werden konnte.

c) Oder, wenn man so will, ist er eine göttliche Idee, ein Glaube, ein Aufschwung des Geistes, der langsam im Bewusstsein einer Gemeinschaft von Menschen die Züge und das Wesen eines Menschen angenommen hat.

Kurzum, eine übermenschliche Größe, aber nicht real.

2. Jesus – sagen andere – ist ein Mensch. Er ist es auf außergewöhnliche Weise, aber er ist schlichtweg Mensch, einer, der mit der außerordentlichen Faszination, die er ausübte, mit seiner sublimen Intelligenz und seiner wunderbaren Persönlichkeit bewirkte, dass die Weltgeschichte einen neuen Kurs einschlug – mit einem Wort: ein Genie.

a) Es gibt Leute, die behaupten, er sei ein Genie auf religiösem Gebiet gewesen, ein Genie, das aufgrund seiner klaren und tiefen, für uns unerreichbaren Einsichten in die letzten Wahrheiten, die Vaterschaft Gottes, die Anbetung „im Geist und in der Wahrheit" und das Gesetz der Nächstenliebe entdeckt hat.

b) Es gibt Leute, die behaupten, er sei ein Genie auf philosophischem Gebiet gewesen, ein Genie, das den Wert des Selbstbewusstseins und den Primat der inneren über die äußere Welt entdeckt hat.

c) Manche behaupten, er sei ein Genie auf sozialem Gebiet gewesen, ein Genie, das die Gleichheit unter den Menschen in Bezug auf ihre Würde bekräftigt und die Suche nach Gerechtigkeit gelobt hat.

d) Manche behaupten, er sei ein Genie auf politischer Ebene gewesen, ein Genie, das in der Menschheitsgeschichte den Anstoß für den Siegeszug des Ideals der „Befreiung" von aller Gewalt und von jeder äußeren Form von Unterdrückung gegeben hat.

Kurzum, in ihm gibt es eine reale Größe, die aber nicht das Menschliche übersteigt.

3. Einer dritten Meinungsgruppe zufolge ist Jesus ein Mensch, der gewiss existiert hat, über den man aber nichts Genaues erfahren kann: In den Texten, über die wir verfügen, ist immer die Rede vom Christus, der Gegenstand des Glaubens, der Liebe und der Anbetung der ursprünglichen Gemeinde war. Sie helfen uns aber nicht, Klarheit darüber zu erlangen, wer er selbst, also der geschichtliche Jesus, wirklich war.

Kurzum, ein Rätsel der Geschichte, das niemals gelöst werden kann.

Anmerkungen

1. Es ist auffällig, dass die Einschätzungen, die bei den „Leuten" im Umlauf sind – jedenfalls im Allgemeinen – absichtlich positiv und wohlwollend ausfallen: Niemand, oder so gut wie keiner, spricht schlecht über ihn.

2. Wenn man eine Kritik dieser Meinungen anstellen möchte, bedeutet dies, dass man sowohl den in ihnen enthaltenen Funken von Wahrheit als auch ihre Grenzen und allgemeine Inkohärenz aufzeigen muss, was viel Arbeit, aber keine allzu schwierige Analyse erforderlich macht. Andererseits wird diese Arbeit für den Christen, der seinen Glauben auf intellektuell reife Weise leben möchte, auch zur Pflicht. Das ist aber an dieser Stelle nicht unsere Absicht, da wir uns in einer für Glaubende geleiteten Meditation befinden und lediglich das Ziel haben, die beiden Positionen einander gegenüberzustellen (die der „Leute" und die der „Kirche"), um herauszuarbeiten, wie sich die beiden auf verschiedene Weise dem Geheimnis Christi nähern und dabei zu erkennen, dass sie ganz und gar nicht zueinander passen. Diese Überlegung soll einzig und allein Unruhe in uns säen, um die Koexistenz zwischen „Welt" und „Kirche", zwischen den Mei-

nungen der „Leute" und der uns vom Vater geschenkten Erkenntnis in unserem Geist so weit wie möglich auszuschließen (das haben wir nämlich vorhin angeprangert), auf dass unser Glaube reiner werde und in einem kohärenten Leben wachse.

3. Auch wenn sie sich sehr voneinander unterscheiden, haben die Meinungen der „Leute" einen gemeinsamen Nenner: Sie halten Jesus von Nazareth für „einen von den Propheten", also für jemanden, den man so „abstempeln" kann.

Ist er ein Mythos? – Die Geschichte kennt vielerlei Mythen!

Ist er eine Idee, die Spuren im Leben der Menschen hinterlassen hat? – Er wäre vergleichbar mit dem Gnostizismus der Welt der Antike oder mit dem Marxismus der modernen Welt!

Ein Genie auf dem Gebiet der Religion? – Dann können wir ihn zusammen mit Buddha, mit Mose und mit Mohammed in einer Reihe aufzählen!

Ein Philosoph? – Dann kann er Plato und Aristoteles Gesellschaft leisten!

Ein Forscher im sozialen Bereich? – Dann könnte er den Enzyklopädisten des XVIII. Jahrhunderts und Marx die Hände reichen!

Ein Unruhestifter? – Dann gäbe es andere, die so effizient wie er und noch effizienter waren, wie z.B. Spartakus, Masianello und Bakunin!

Ein Befreier? – Dann passt er zusammen mit Simone Bolivar und Josef Garibaldi!

Ein Mann, über den man nichts Genaues erfahren kann? – Hierfür gibt es andere Beispiele: Homer, Pythagoras und sogar Sokrates wären dann seine Gefährten!

Auch wenn ihre Hypothesen weit auseinander liegen und sie Urteile abgeben, die in der Regel positiv klingen, beginnt es einem zu dämmern, dass sich die „Leute" unbewusst anstrengen, Jesus von Nazareth zu etwas zu machen, was man schon gesehen hat, was bekannt, was normal ist: Es kommt dabei darauf an, ihn in eine Schablone zu zwängen, die zur menschlichen Erfahrung passt; so wird er erst einmal in eine etikettierten Schublade gesteckt, ist kein Fall für sich mehr und kann einen nicht mehr beunruhigen.

b) Ihr aber, für wen haltet ihr mich?

So wie es für die Stellungnahme der „Leute" charakteristisch ist, dass sie eine Vielzahl von Meinungen widerspiegelt, so ist die Einigkeit ein Merkmal der Antwort der Kirche. Wenn es um Jesus Christus geht, gibt es in der Kirche keinen Pluralismus: Die Antwort Petri ist die Antwort aller. Wenn die Überzeugung des Einzelnen von uns identisch ist mit dem Glauben Petri, ist das der entscheidende „Prüfstein" für die rechtmäßige Zugehörigkeit zur Kirche. Wer diesen Glauben entstellt, der ist in der Kirche fehl am Platz. Die apostolische Gemeinde neigt in dieser Frage in keiner Weise zum Irenismus.

„Wenn jemand zu euch kommt und nicht diese Lehre mitbringt, dann nehmt ihn nicht in euer Haus auf, sondern verweigert ihm den Gruß." (2 Joh 10).

„Ich warne euch aber vor den Tieren in Menschengestalt, diese dürft ihr nicht nur nicht aufnehmen, sondern womöglich sollt ihr ihnen nicht einmal begegnen, nur beten sollt ihr für sie, ob sie sich vielleicht bekehren, was freilich schwierig ist." *(Ignatius von Antiochien, An die Smyrnäer IV,1 [Übersetzung entnommen unter „http://www.unifr.ch/ bkv/kapitel11-4.htm"]).*

„Das sind nämlich wütende Hunde, die heimlich beißen; vor diesen müsst ihr euch hüten, da sie (ihre Bisse) schwer zu heilen sind." *(Ignatius von Antiochien, An die Epheser VII,1 [Übersetzung entnommen unter „http://www.unifr.ch/bkv/kapitel6-7.htm"]).*

Wie wir gesehen haben, neigt die weltliche „Meinung" dazu, Jesus von Nazareth in bestimmte Kategorien einzuordnen. Dahingegen unterstreicht der Glaube der Kirche, der durch das Wort Petri zum Ausdruck kommt, die absolute Einzigartigkeit seiner Person: Jesus von Nazareth ist „der Christus, der Sohn des Lebendigen, der Sohn Gottes". Jesus von Nazareth ist nicht „einer von vielen", sondern „derjenige überhaupt": ein Fall für sich, ganz und gar unvergleichlich.

Aber in welchem Sinne sprechen wir von Jesu „Einzigartigkeit"? Warum ist Jesus überhaupt nicht klassifizierbar?

Die apostolische Kirche, die noch heute in der Welt lebendig und gegenwärtig und deren Sprachrohr Petrus ist, weist der allgemeinen Rede von der „Einzigartigkeit" drei präzise Bedeutungen zu: das Messiastum, die Auferstehung vom Tode, die göttliche Natur.

Das Messiastum

1.a) Der „Messias" war für die Hebräer der Zeit Christi die Gestalt, die auf sich alle Hoffnungen Israels vereinigte: Er war derjenige, der das Reich Davids wiederherstellen, den Gottesdienst erneuern und läutern sollte; er war es, der den Willen Jahwes und seinen Heilsplan klar zu erkennen geben, der ihrer Geschichte des Schmerzes und der Demütigung ein Ende setzen sollte.

Interessanterweise kann man festzustellen, dass der Begriff des „Messias" nicht ohne Weiteres das

Vorrecht beinhaltete, auf nur eine einzige Gestalt anwendbar zu sein. Das Volk der Hebräer bekannte sich in seiner Geschichte zu vielen Messiasfiguren: David, die Könige, die Priester oder die Propheten hatten von Zeit zu Zeit diesen Namen erhalten, der die aufgrund der Salbung vollzogene Weihe in Erinnerung rief.

Aber auch was die Zukunft betrifft, ist der Messias, den die Juden erwarten nicht unbedingt eine einzige Person. Die Schriftrollen, die in Qumran gefunden wurden und „die Testamente der Zwölf Patriarchen" berichten uns, dass verschiedene religiöse Umfelder für die letzten Zeiten mehr als einen Messias erwarteten: Neben einem David-Messias, der königliche Vorrechte besaß, erwartete man auch einen Aaron-Messias, der die priesterliche Würde innehatte.

Auch die im Buch Deuteronomium enthaltene Verheißung des Mose scheint die Erwartung eines „Propheten" geweckt zu haben, der sich vom Messias-König und dem Messias-Priester unterschied.

„Einen Propheten wie mich wird dir der Herr, dein Gott, aus deiner Mitte, unter deinen Brüdern, erstehen lassen. Auf ihn sollt ihr hören." (Deut 18,15). Wir finden davon ein Echo in dem Verhör, in das man Johannes den Täufer genommen hatte: „Bist du der Prophet?" (Joh 1,21)

b) Jesus, der den Titel Messias stets mit etwas Zurückhaltung akzeptiert hatte, schien in der letzten Woche seines irdischen Daseins ausdrücklich bekräftigen zu wollen, dass sich in ihm sämtliche Elemente der Messiaserwartung vollständig erfüllen. Nach der Salbung in Betanien organisiert er den Einzug in Jerusalem als König und davidische Messiasfigur; er vollbringt ungewöhnliche und bedeutende Werke, die ihn als „Prophet" ausweisen (wie zum, Beispiel die Vertreibung der Händler aus den Vorhallen des Tempels und die Verwünschung des Feigenbaumes); mit der beim letzten Abendmahl vollzogenen Gebärde über Brot und Wein beruft er sich auf Melchisedek und zeigt sich als Messias-Priester; in seinem Leiden verwirklicht er das Messiastum vom Leidensknecht Jahwes, von dem Deutero-Jesaja gesprochen hatte; schließlich erweisen seine Erscheinungen und seine Himmelfahrt ihn als „Menschensohn", als eschatologischen Messias, der in der Herrlichkeit Gottes kommt und die Menschheitsgeschichte besiegelt, wovon Daniel in seinen Prophezeiungen gesprochen hat.

c) Wundern wir uns also nicht darüber, dass die apostolische Kirche Jesus von Nazareth ständig als den Christus, d.h. als den einzigen Messias, den einzigen, der alle Sehnsüchte des Menschen

111

stillen kann, darstellt.

„Jesus ist der Christus" („Du bist der Christus",
sagt Petrus) ist die am häufigsten dokumentierte
Glaubensformel in der Apostelgeschichte (vgl. Apg
2,36; 3,20; 5,42; 9,22; 17,3; 18,5; 18,28). Diese wird
offensichtlich am meisten im jüdischen Umfeld ge-
braucht; sie wurde aber auch ausgiebig allen Gläubigen (auch den Nicht-Hebräern) hinterbracht und
zwar so oft, dass der Name „Christus" in den Gemeinden griechischer Sprache zum festen Bestand-
teil des Namens Jesus wird; und gerade in
Antiochien – das heißt in der nicht-hebräischen Gemeinde – beginnt man, von diesem Titel das Wort
„Christen" herzuleiten und bezieht sich damit auf
die Jünger des Jesus von Nazareth (vgl. Apg 11,26).

*„Er fand ihn und nahm ihn nach
Antiochia mit. Dort wirkten sie miteinander ein volles Jahr in der Gemeinde und unterrichteten eine
große Zahl von Menschen. In Antiochia nannte man die Jünger zum
ersten Mal Christen." (Apg 11,26)*

d) Nach wie vor lädt die Kirche auch heute alle zum Glauben des Petrus ein: Jesus ist der Messias, das heißt die Antwort Gottes auf alle Grunderwartungen der Menschen. Alle überzeitliche Hoffnungen, die im Herzen der Menschen brennen: Wahrheit, Gewissheit, Freiheit, Sinn, Freude finden einzig und allein in Jesus von Nazareth ihre endgültige Erfüllung.

Die existentielle Schlussfolgerung liegt auf der Hand: Dieser erste Aspekt der „Einzigartigkeit" Jesu (Jesus: der Einzige, auf den der Mensch gewartet und den der Vater gesandt hat) schließt jedweden Persönlichkeitskult und jedes Versehen aus. Wenn Jesus der Messias ist, dann brauchen wir auf niemand anderen zu warten, der die Menschheitsgeschichte wahrlich ihrer Bestimmung zuzuführen hätte. Jede menschliche „Größe" gewinnt vor diesem Hintergrund eine andere Dimension. Der Messias ist schon gekommen: Keinem Ideologen, keinem Befreier, keiner noch so außerordentlichen Persönlichkeit kann es gelingen, ein wahrhaft christliches Herz zu betören und in Beschlag zu nehmen.

Wie der hl. Ambrosius sagt: „Die Kirche hat schon jemanden, der sie verführt".

Aufgrund des Lichts, das von Christus und von seinem einzigartigen Messiastum ausgeht, verhält es sich mit dem Christen so, dass er jede neue Person und Lehre, die auf der Bühne des Daseins erscheint, in rechter Weise einschätzen und angemessen relativieren kann.

Die Auferstehung

Die Erklärung des Petrus, der sich zu Jesus als dem Sohn des Lebendigen bekennt, scheint implizit die Überzeugung zu beinhalten, die dann alle Reden der Apostel von Pfingsten an beherrscht hat: der Sohn des Lebendigen konnte nicht der Gefangene des Todes und der Vergänglichkeit bleiben. Petrus sagt: „Den Urheber des Lebens habt ihr getötet, aber Gott hat ihn von den Toten auferweckt. Dafür sind wir Zeugen." (Apg 3,15).

Das zweite Element der „Einzigartigkeit" Christi ist also die Tatsache, dass er lebt. Es ist notwendig, in dieser Frage alle Zweifel auszuräumen. Die Osterbotschaft: „Er ist auferstanden" (der ursprüngliche Kern des christlichen Glaubens), sagt aus, dass Jesus von Nazareth, ein Mann, der vor zweitausend Jahren am Kreuz gestorben ist, heute wahrhaft, auf reale Weise, mit seinem Leib lebt. Dass er selbst lebt, also nicht nur dass er in seiner Botschaft lebt, in seinem Beispiel, in seinem Einfluss, den er auf die Menschheitsgeschichte durch seine Ideen nimmt; nicht nur in den Armen, in den Brüdern, in der Gemeinschaft; in all diesen Fällen handelt es sich um immanente Daseinsformen Christi, die zwar wahr, wunderbar und entscheidend für das kirchliche Leben sind, die aber ihrer ursprünglichen Quelle sowie der Wahrheit des in personaler Identität in seinem Leibe lebendig existierenden Christus nachgeordnet sind.

Dieses Ereignis, das aus Jesus von Nazareth einen Fall für sich macht und ihn zu einer unvergleichbaren und nicht einzuordnenden Person werden lässt, macht auch diejenigen, die diese Botschaft annehmen, zu einem einzigartigen Fall.

Für die Christen ist es wichtig, dass sie sich dessen bewusst werden:

- dass hierin die tiefste und eine unmöglich wegzudiskutierende Wasserscheide zwischen den Menschen besteht (vgl. Apg 25,19: „sie führten nur einige Streitfragen gegen ihn ins Feld, die ihre Religion und einen gewissen Jesus betreffen, der gestorben ist, von dem Paulus aber behauptet, er lebe.")

- dass diese Überzeugung die Gläubigen in den Augen der Nicht-Glaubenden notwendigerweise in einen Zustand der „Verrücktheit" versetzt (1 Kor 4,10: „Wir stehen als Toren da um Christi willen");

- dass es weder eine Zwischenposition gibt, noch geben kann, zwischen der Annahme, dass Jesus heute in seinem Leibe am Leben ist und der Annahme, dass sein Leib tot ist. Sodass es in dieser Frage keinerlei Kompromiss geben kann zwischen den Gläubigen und den Nicht-Glaubenden;
- dass, wenn Christus auferstanden ist, sich alles für den Menschen gewandelt hat: Der Tod, der letzte Herrscher, ist besiegt und hat nicht mehr das letzte Wort über den Menschen.
- dass dies dasjenige ist, was Jesus von Nazareth wirklich „revolutionär" macht: Die Tatsache, dass er auf unwiderrufliche Weise nach seinem Tod weiterhin wahrhaft, wirklich, auf körperliche Weise lebendig ist.

Die Gottheit

Petrus verkündigt: „Du bist der Sohn Gottes". Hier begegnen wir dem dritten, höchsten und erstaunlichsten Aspekt, der Jesu von Nazareth einzigartig macht, das heißt seiner Eigenschaft als göttlicher Person oder einfacher, seiner Gottheit.

Historisch gesehen war es undenkbar, dass die Vergöttlichung eines Menschen sich aus der hebräischen Kultur, die ganz und gar streng, ja, knallhart monotheistisch eingestellt war, „auf natürlichem Wege" hätte ergeben können. Und dennoch blieb der apostolischen Kirche nichts anderes übrig, als angesichts der Auferstehung zu dieser erschütternden Überzeugung zu gelangen: „Mein Herr und mein Gott!" (Joh 20,28) – wie das Glaubensbekenntnis des ungläubigen Thomas, das Ziel der johanneischen Katechese, lautet.

Die apostolische Kirche drückt diesen schwierigen Glauben vielfach aus, was stets mit großer Klarheit und unter Einbeziehung all ihrer verschiedenen Komponenten geschieht:

- Paulus: Jesus ist „wie Gott" (Phil 2,6) und ihm wurde „der Name verliehen, der größer ist als alle Namen" (vgl. Phil 2,9);

- Johannes: Jesus ist das Wort, „das bei Gott war" und das „Gott war" (vgl. Joh 1,1);

- Matthäus: Er stellt den Sohn zusammen mit Gott Vater und mit Gottes Geist auf eine Ebene: „[A]uf den Namen des Vaters und des Sohnes und des Heiligen Geistes" (Mt 28,19);

- Der Hebräerbrief: „von dem Sohn aber [sagt er]: Dein Thron, o Gott, steht für immer und ewig" (Hebr 1,8).

Aufgrund ihrer Erfahrung vom Ostergeheimnis ist die apostolische Kirche zu dieser Überzeugung gelangt, denn im Licht der Auferstehung hat sie schließlich verstanden, dass Jesus in den Worten und Taten seines irdischen Lebens – wenn auch auf vorsichtige – so doch auf vielfältige Art und Weise göttliche Vorrechte für sich in Anspruch genommen hatte:

- Er stellt sich auf gleiche Ebene mit dem Gesetzesgeber vom Sinai: „Ich aber sage euch"(Mt 5-7);
- Er maßt sich das Recht an, Sünden zu vergeben (Mt 9,2; Lk 7,36-50);
- Er hält sich für den Richter der Menschen und der Geschichte;
- Er gibt sich als den Herrn des Sabbats aus (Mt 12,6.8);
- Er sagt, er allein sei der Meister, der nicht nur immer Recht hat, sondern „die Wahrheit ist";
- Er schreibt sich eine höhere Würde als die der Engel zu (Mk 13,32);
- Er bezeichnet sich als Zielobjekt einer Liebe, die größer sein muss als jene zum Vater, zur Mutter, zur Ehefrau, zu den Kindern und Brüdern (Mt 10,37 Lk 14,26);
- Er hält sich nicht für einen der Söhne Gottes, sondern für den einzigen Sohn Gottes (Mt 21,37-38);
- Ihm zufolge stehen Gott und er selbst auf ein und demselben Niveau: „[N]iemand kennt den Sohn, nur der Vater, und niemand kennt den Vater, nur der Sohn…" (Mt 11,27; Lk 10,22).

Die von diesen unbestreitbaren Sprüchen („logia") herzuleitende geschichtliche Gewissheit, nach der Jesus sich selbst als Gott ausgegeben hat, macht die wohlwollende, bequeme, „gemäßigte" Vorstellung von Christus vieler „Gutmeinender", die Jesus als weisen, gerechten und großen Menschen schätzen und loben wollen, ohne ihn aber als Gott anzuerkennen, schlichtweg unmöglich. Eine solche „Mäßigung" wird von sämtlichen, in unserem Besitz befindlichen Texten des Evangeliums Lügen gestraft: Ein Mensch, der Aussagen macht wie er, kann weder als weise, noch als gerecht oder groß angesehen werden, er verdient nicht unsere Hochachtung und kann nicht geehrt werden. - Es sei denn, alles, was er von sich und was die apostolische Kirche über ihn sagt, ist wahr.

Auf der Grundlage einer nicht näher bestimmten Wertschätzung für Christus kann man also unmöglich zu einem allgemeinen Einvernehmen kommen: Entweder lehnt man ihn ab und verachtet ihn, oder man geht vor ihm auf die Knie.

Übrigens hat Jesus selbst dies vorausgesehen: „Meint ihr, ich sei gekommen, um Frieden auf die Erde zu bringen? Nein, sage ich euch, nicht Frieden, sondern Spaltung." (Lk 12,51). Und in dem Kindheitsevangelium nach Lukas finden wir die Überzeugung ausgedrückt, er sei „dazu bestimmt, dass … viele durch ihn zu Fall kommen und viele aufgerichtet werden," und er werde in der Welt „ein Zeichen sein, dem widersprochen wird. Dadurch sollen die Gedanken vieler Menschen offenbar werden." (Lk 2,34-35).

Fazit

Wie wir gesehen haben, kreist die christologische Frage um folgenden Kern: Ist Jesus „einer unter vielen…" oder „der Absolute"? Kann man ihn in eine Kategorie einordnen oder ist er ein Fall für sich? Sein Erscheinen auf Erden ist eine wichtige Tatsache, doch darf man es nach unseren Maßstäben beurteilen, oder ist es ein einzigartiges, entscheidendes, unwiederholbares Ereignis? Das ist hier die Frage. „Christ sein" bedeutet, verstanden zu haben, dass Jesus „der Absolute" ist, dass es keine angemessenen Bezeichnungen für ihn gibt, dass er ganz und gar ein Fall für sich ist.

Von daher leitet sich eine existentielle Folgerung ab, nämlich dass auch unsere Beziehung zu ihm kein anderes Merkmal duldet, als jene der „Einzigartigkeit". Die Kenntnis, mit der wir ihn kennen, kann nicht mit der Kenntnis gleichgesetzt werden, die wir von anderen Dingen und Menschen haben. Vielmehr wird sie uns von oben in Form einer Erleuchtung gegeben: „[W]eder Fleisch noch Blut haben dir das offenbart, sondern mein Vater im Himmel". Die Anerkennung seiner Herrschaft ergibt sich nicht wie die Schlussfolgerung eines Theorems, sondern verlangt Gelehrsamkeit gegenüber dem Heiligen Geist: „[K]einer kann sagen: Jesus ist der Herr!, wenn er nicht aus dem Heiligen Geist redet." (1 Kor 12,3). Unsere Liebe zu ihm kann keine Grenzen akzeptieren: „Wer Vater oder Mutter mehr liebt als mich, ist meiner nicht würdig" (Mt 10,37). Der Einsatz unseres Lebens für ihn kann nur voll und ganz sein, nur endgültig – wie auch Kriegsdienst nur dann vernünftig ist, wenn er der Devise folgt: „wer … das Leben um meinetwillen verliert, wird es gewinnen." (Mt 10,39).

ZWEITES KAPITEL

Der Erlöser

Wer Christus für uns ist

Nachdem wir versucht haben zu verstehen, wer Christus an sich als Person ist, versuchen wir nun, zu erkennen, wer er für uns ist und in welchem Verhältnis er zu dem uns innewohnenden Bedürfnis, erlöst zu werden, steht.

Diese zweite Untersuchung bringt die erste erst wirklich zum Abschluss und rundet sie ab; man gibt auf die Frage: „Wer ist Jesus" keine angemessene Antwort, wenn man sie nicht auch im Zusammenhang mit der ihm eigenen Funktion als „Erlöser" erklärt.

In beiden „Kindheitsevangelien" – die uns über „Erinnerungen aus der Familie" berichten und zugleich theologische Meditationen überliefern, die der ersten jüdisch-christlichen Gemeinschaft entspringen – wird der Name „Jesus" entsprechend einer soteriologischen (d.h. sich auf die Erlösung beziehenden) Perspektive als ein Name himmlischen Ursprungs dargestellt. „[Man] gab… ihm den Namen Jesus, den der Engel genannt hatte, noch ehe das Kind im Schoß seiner Mutter empfangen wurde." (Lk 2,21). „[I]hm sollst du den Namen Jesus geben; denn er wird sein Volk von seinen Sünden erlösen." (Mt 1,21).

Sein Name hat also eine „prophetische" Bedeutung. Er bestimmt seine Sendung und in gewisser Weise sein „Wesen". Seine spezifische Bedeutung besteht darin, dass er die Erlösung, die uns von Gott geschenkt wurde, bestätigt. Jesus (hebr.: Jehoshua) bedeutet nämlich „Jahwe rettet".

Das Problem der Erlösung

Was bedeutet das Wort „Erlösung"? Was heißt es, „erlöst" zu sein? In den Wörterbüchern wird der „erlöst" genannt, der eine Gefahr überwunden hat, ohne Schaden zu nehmen. Gerettet ist der, der von einem Übel befreit worden ist, das ihn bedrohte.

Die Erlösung, welche direkter und zentraler Gegenstand eines Eingriffs Gottes ist, kann natürlich nur eine ganzheitliche und endgültige Erlösung sein und das Böse, von dem es befreit, kann nichts anderes als das Böse sein, was den Menschen in seiner Tiefe berührt und sein Schicksal betrifft.

Elend und Größe des Menschen

Der Begriff der Erlösung setzt also – um es mit Pascal auszudrücken – das „Elend" und die „Größe" des Menschen voraus und ruft sie in Erinnerung.

Das Elend des Menschen besteht in seiner Torheit, aufgrund der er sich von nichtigen, falschen und irrigen Dingen verführen und vom Weg abbringen lässt; es besteht darin, dass er auf verhängnisvolle Weise auf die Katastrophe des Todes zuläuft; es besteht in seinem Zustand der Ungerechtigkeit und in seiner unüberwindlichen Neigung zur moralischen Verfehlung, das heißt zur Sünde.

Dieses Elend ist groß, tragisch und unausweichlich, aber es trägt schon in sich ein Zeugnis vom einzigartigen Wert, den der Mensch unter allen Geschöpfen besitzt, es trägt die Spuren seiner Würde: Die Torheit im Herzen des Menschen löscht seinen Durst nach der Wahrheit nicht aus; die Sterblichkeit zeigt sich in einem Wesen, das sich stets für ein Leben ohne Grenzen geschaffen fühlt; die Neigung zur Sünde kann das radikale Streben nach einem Leben in Gerechtigkeit nicht ersticken.

Im Gegenteil, gerade die Größe des menschlichen Geistes macht unser Elend noch schmerzhafter und vergrößert es: der Mensch „weiß", dass er töricht ist, er „weiß", dass er sterben muss, er „weiß", dass er nicht unschuldig ist; und dieses Bewusstsein verschlimmert den Schmerz, verleiht der Angelegenheit dramatische Züge und versetzt den Menschen objektiv gesehen in einen Zustand des Flehens, was man sowohl an den Worten, den artikulierten Gedanken und den Gefühlen, zu denen er sich bekennt, erkennen kann. Der Mensch flieht mit allen Fasern darum, von der Leere, der Sinnlosigkeit, der Zersetzung und Auslöschung, von der Schuld und von seiner Schwäche gegenüber dem Bösen befreit zu werden.

Zwei gegenteilige Sichtweisen

In Analogie zu dem, was wir hinsichtlich der Person Christi getan haben, befragen wir nun auch in Bezug auf die Erlösung nacheinander die „Welt" und die „Kirche" – zwei feindliche, nicht aufeinander zurückführbare Größen, die zwar außerhalb von uns selbst liegen und uns vorausgehen, die aber zugleich beide auf irgendeine Weise in uns sind und auf existentielle und konkrete Weise in unserem Herzen miteinander in Dialog treten oder aber dort in Spannung stehen bzw. in Konflikt geraten.

a) Was halten die Leute von der Erlösung?

1. Unter den Leuten vernimmt man zunächst einmal die Stimme derer, die das „Elend" des Menschen anerkennen, es aber für unüberwindlich halten.

Demnach ist der Mensch ein grundsätzlich absurdes Geschöpf und wird es stets bleiben. Tatsächlich erleidet im Tod alle Hoffnung ihren Schiffbruch, der Tod ist unsere nicht wiedergutzumachende Niederlage, der absurde Ausgang eines sinnlosen Schicksals; und daran kann man nichts ändern. Wir sind wirklich alle vom Bösen versklavt, sind egoistisch, hinterlistig, drückebergerisch und nichts kann uns ändern.

Es gibt also ein unermessliches, allgemeines Bedürfnis nach Erlösung, aber die Erlösung selbst gibt es nicht. Jede anderslautende Sichtweise ist eine Utopie; es gibt für den Menschen keine Rettung.

Dieser bittere Pessimismus – der gewöhnlich mit dem Alter zunimmt – hat auch in der Literatur Italiens eine sehr erhabene, glänzende und kraftvolle Ausdrucksform gefunden, man denke zum Beispiel nur an Giacomo Leopardi und Luigi Pirandello.

2. Ganz von anderer Seite her kann man eine Vielzahl von Stimmen vernehmen, die – obwohl in starkem Kontrast untereinander – von ein und derselben Überzeugung ausgehen: Der Mensch ist von sich aus schon gut, schön und glücklich, sodass er überhaupt keiner persönlichen Erlösung bedarf.

Ausgehend von diesem allgemeinen Anfangsdogma – das einen Großteil der gegenwärtigen Kultur be-

herrscht und das wir „aufklärerisch" nennen könnten – werden verschiedene „Lehren" entwickelt, die
wir, wenn man so sagen will, in ihrem reinen Zustand zu erfassen versuchen und auf ganz schemati-
sche und abstrakte Weise ansprechen werden.

a) „konservativ" geprägte aufklärerische Haltung

Der Mensch ist gut, so wie er ist. Mehr noch, alles
läuft bestens: Es bedarf gar keines Wandels, weder
in den Herzen, noch in der Gesellschaft.

Es handelt sich um eine Lehre, die natürlich
hauptsächlich unter Reichen und Privilegierten
ihre Verfechter findet, auch wenn keiner mehr den
Mut hat, sich offen zu ihr zu bekennen. In den Ge-
mütern zieht sie aber immer noch ihre verborgenen
Kreise, auch wenn sie sich seltsamerweise, sobald
sie nach außen hervortritt, ganz verschiedener
Kostüme und Spielarten bedient. Meiner Meinung
nach ist Dagobert Duck der einzige, der sich nicht
verkleidet und nicht davor fürchtet, seine kapita-
listisch konservative Haltung zur Schau zu stellen.

b) „Radikal" aufklärerische Haltung

Der Mensch ist von Natur aus gut, doch knebeln
und entwürdigen ihn viele Fesseln, die ihm von der

Geschichte vererbt und auferlegt wurden, wie auch unzählige Beschränkungen, für die es gar keinen Grund gibt. Um ihn zu erlösen, genügt es, ihn von allen Erblasten der Vergangenheit zu befreien:

- von den feudalen Überresten in der Organisation des Staates;
- von der Bindung an die Vereinigungen der Arbeitskräfte;
- von der traditionellen und unaufgeklärten Sichtweise der Wirklichkeit, durch das „Licht" des Enzyklopädismus, des Rationalismus und der Wissenschaft;
- von den vielen Tabus, die einen Komplott gegen das Leben des Einzelnen darstellen und es vergiften, wie auch von jeder Form von Verbot.

Kurzum, um den Menschen vom Irrtum und vom falschen Schein der Dinge zu befreien, genügt es, ihm das kopernikanische Weltbild, den Darwinismus und das dezimale metrische System beizubringen – so meinten die radikalen Vertreter der Aufklärung des 19. Jahrhunderts, wobei sich seitdem der Ansatz vom Wesen her nicht verändert hat. Um den Menschen zu befreien und sein Glück zu garantieren – so meinen die Vertreter der modernen freidenkerischen Aufklärung – genügt es, die Vorherrschaft des Prinzips „Es ist verboten, etwas zu verbieten" zu gewährleisten; um ihn von der Sünde zu befreien, genügt es, ihm zu sagen, dass es keine Sünde gibt. – Im Höchstfall gäbe es also Schuldkomplexe, von denen man sich emanzipieren kann und muss; um ihm die Angst vor dem Tod zu nehmen, genügt es, ihn davon zu überzeugen, dass die Frage nach dem Tod ein falsches Problem darstellt, das nicht einmal in Betracht gezogen werden sollte.

c) marxistisch geprägte aufklärerische Haltung

Die Menschen sind von Natur aus gut, ausgenommen vielleicht die Vertreter der obskurantistischen Kräfte des Reaktionismus. Es genügt, die kapitalistischen Strukturen umzustürzen (die der einzige Sitz des Bösen sind) und den Sozialismus aufzubauen und der Mensch wird nichts anderes brauchen, um gerecht, frei und glücklich zu leben. Das ist eine Sichtweise, die sich heute weitgehend als unhaltbar erwiesen hat; doch gibt es immer noch Menschen, die ideologisch etwas rückständig sind, und mit ihr liebäugeln.

Was die Hinterfragung in Bezug auf die Eitelkeit der Dinge, die Sünde, den Tod angeht, so begegnet man hier gewöhnlich den Antworten der radikal geprägten aufklärerischen Haltung, die leicht mit der marxistisch geprägten Haltung eine Symbiose eingeht.

Es ist interessant, die gemeinsame Denkschablone und den identischen Ansatz herauszuarbeiten, den diese drei verschiedenen Richtungen der Aufklärung besitzen. Es wird uns dann nicht mehr überraschen, wenn wir sehen, dass – wenn es um Fragen geht, die die Existenz des Menschen und sein tiefstes Wesen angehen – die Verfechter dieser Bruderschaften leicht übereinstimmen (z.B. in Themen wie Scheidung, Abtreibung, Euthanasie, Homosexualität, Geburtenkontrolle usw.). Das lässt in uns den Verdacht aufkommen, dass die einzig wirklich originelle und nicht ableitbare Sichtweise des Menschen die christliche ist, wie eben auch das christliche Ereignis das einzig wirklich neue Ereignis der Geschichte darstellt.

3. Eine dritte Gruppe „weltlicher" Stimmen in Bezug auf die Erlösung umfasst all jene, die sich bemühen, den bisher untersuchten Positionen ein christliches Kleid anzuziehen; oder – was dem weitgehend gleichkommt – das eine oder andere Element aus dem Evangelium in dem einen oder anderen System zu integrieren.

a) Es gibt zum Beispiel Menschen, die persönlich ohne Hoffnung leben, die aber glauben, dass der

Glaube eine wertvolle Trostfunktion hat, der den Menschen mit schwächer besaitetem Geist im Leben helfen kann, weil sie demnach nicht fähig wären, die Wahrheit, das heißt die tragische Absurdität des Daseins, ungefiltert zu ertragen.

b) Es gibt Menschen, die versuchen, das christliche Ereignis zur Erhaltung der Strukturen zu benutzen: Das Evangelium ist sozial wertvoll, denn mit der Aussicht auf ein ewiges Leben dient es dazu, im jetzigen Leben alles, was es an innovativem Zündstoff gibt auszulöschen und jeden Anspruch auf Erneuerung verhallen zu lassen.

c) Es gibt Leute, die meinen, die Botschaft Christi als Freibrief nehmen zu können, um eine überwiegend soziale und politische Sichtweise zu vertreten, oder sie interpretieren sie im Sinne einer Überwindung aller bindenden und endgültigen Schranken bzw. moralischen Pflichten.

d) In der Meinung, der Klassenkampf und die Befreiung von äußerer Unterdrückung stelle den wahren Kern der Lehre des Evangeliums dar, gab es auch Leute, die sogar geglaubt haben, sie hätten als Christen für den Sozialismus eintreten können und müssen.

Wenn man genau hinsieht – um ein Bild aus dem Militärbereich zu verwenden – dann handelt es sich in allen Fällen um eine „Musterung" Christi, der, wenn man es von der objektiven Seite her sieht und gleichzeitig von der subjektiven Absicht abstrahiert, hier weniger als der Herr angesehen wird, denn als „Rekrut", wobei jeder der verschiedenen Fürsten dieser Welt berechtigt zu sein glaubt, ihm die eigene Uniform überzuwerfen und die eigene Fahne in die Hand zu drücken: Jesus Christus wird in dem Fall also als wehrtüchtig eingestuft, angeheuert und – normalerweise nach einer kurzen Dienstzeit – entlassen.

Resümee

Ausgehend von den verschiedenen formulierten Positionen können wir zusammenfassend sagen, dass die Aussagen der „Leute" in Bezug auf die Erlösung hin und her schwanken und zwar zwischen der Behauptung, dass es eine eigentliche Erlösung der menschlichen Person gar nicht gibt oder aber der Behauptung, dass diese überflüssig ist (Gedanken, die vielleicht sogar alle in ein und demselben Kopf oder Herz gefasst werden mögen).

Wie wir gesehen haben, halten aber viele eine „äußere" Erlösung für möglich und nötig; diese läuft dann jedoch auf einen Strukturwandel und den Wandel der sozialen, politischen und kulturellen Bedingungen hinaus.

All jene, die dann irgendeine äußere oder innere Erlösung für möglich und notwendig halten, sind sich darüber vollkommen sicher, dass der Mensch sich selbst erlöst und dass kein Eingriff von oben notwendig ist, ja nicht einmal möglich und eigentlich auch gar nicht willkommen. Hier stehen wir vor dem Gedanken der „Selbsterlösung", von dem Johannes Spadolini schwärmt: „Erlösung ‚laikalen' Charakters – das sind seine eigenen Worte – derjenigen, die sich auf sich selbst, die eigene Kraft, auf den freien Willen, auf die Anstrengung des einzelnen, auf die Arbeit stützen. Das ist gerade das Kennzeichen des neuen, aktiven Laizismus, auf den der italienische Staat gegründet werden musste" (Il mondo frantumato, Mailand 1992, S. 387 – Die zersplitterte Welt [eigene Übersetzung]).

b) Ihr Apostel Christi, was haltet ihr von der Erlösung?

Die Antwort der Apostel Christi, das heißt die der Kirche, ist einmütig und bildet so den genauen Gegenpart der vielfältigen Antworten der Welt.
Das Evangelium verkündet die Erlösung des Menschen:

- Es handelt sich in erster Linie um eine innere und transzendente Erlösung: eine Erlösung vom

Irrtum und von der Bedeutungslosigkeit, von der Sünde und von der Sklaverei der Sünde, vom Tod und vom irdischen Zustand des Verfalls und der Sterblichkeit;

- Sie ist Frucht der barmherzigen Liebe des Vaters, die er allen zusichert, denn „er will, daß alle Menschen gerettet werden und zur Erkenntnis der Wahrheit gelangen." (1 Tim 2,4);
- Wir haben sie durch Jesus Christus, den gekreuzigten und auferstandenen Sohn Gottes, erhalten und sie kann uns von niemand anderem gegeben werden: „Und in keinem anderen ist das Heil zu finden. Denn es ist uns Menschen kein anderer Name unter dem Himmel gegeben, durch den wir gerettet werden sollen." (Apg 4,12).

Damit dann die Erlösung tatsächlich den einzelnen Menschen erreicht, ist es notwendig, dass dieser glaubt, das heißt, dass er mit allem, was er ist, Jesus als seinen Herrn annimmt, denn um ihn kreist der ganze Heilsplan des Vaters, fasst sich in ihm zusammen und in ihm verwirklicht er sich. Das lehrt ganz klar eine alte „Glaubensformel", die uns vom heiligen Paulus überliefert worden ist: „Wer mit dem Herzen glaubt und mit dem Mund bekennt, wird Gerechtigkeit und Heil erlangen." (Röm 10,10).

Theologische Reflexion

Über diese Daten der göttlichen Offenbarung wollen wir jetzt nachdenken, um sie in ihrer ganzen Wahrheit erfassen und aufnehmen zu können. Dies ist die erste eigentlich theologische Analyse, die wir uns im Verlaufe unserer Überlegungen vorzunehmen versuchen; es wird keine einfache Aufgabe sein.

Um im Verständnis der von Christus zugunsten aller Menschen gewirkten Erlösung voranzukommen, erscheint es uns vorteilhaft, wenn wir bei unserer Meditation auf drei verschiedene Fragen zu antworten versuchen: Durch welche konkreten Werke hat der Herr unsere Erlösung bewirkt? Was gibt diesen Werken ihren Erlösungswert? Wie kann es sein, dass das, was Christus getan hat, uns die Erlösung bringt?

Das sind schwierige und gewichtige Fragen, die man in aller Klarheit stellen muss. Eine glasklare, volle und befriedigende Antwort werden wir erst im Himmel erhalten; hier unten können wir nur Hypothesen aufstellen (und das müssen wir, wenn wir unserer Eigenschaft als unermüdliche Forscher treu sein wollen), die natürlich einen gewissen Spielraum offen lassen für verschiedene Meinungen.

1. Die erlösenden Werke

Durch welche spezifischen Werke hat der Herr uns erlöst?

Hierzu ist zu sagen, dass eine aufmerksame Lektüre der apostolischen Schriften – die für unseren Glauben die Norm darstellen – uns anleitet, hier die übliche Lehre unserer Verkündigung und unserer Katechese einfließen zu lassen, die seit Jahrhunderten als einziges erlösendes Werk das Leiden und den Tod des Herrn anzuführen scheint.

Die Erstverkündigung hingegen weist auf klare Weise auch die Auferstehung als erlösendes Ereignis von entscheidender Bedeutung aus. Petrus bekennt vor dem Hohen Rat: „Der Gott unserer Väter hat Jesus auferweckt, den ihr ans Holz gehängt und ermordet habt. Ihn hat Gott als Herrscher und Retter an seine rechte Seite erhoben, um Israel die Umkehr und Vergebung der Sünden zu schenken." (Apg 5,30-31). Beide Aspekte des einen Ostergeheimnisses sind sogar in die antiken Glaubensformeln aufgenommen und als einzige Quelle der Erlösung benannt: „Wegen unserer Verfehlungen wurde er hingegeben, wegen unserer Gerechtmachung wurde er auferweckt." (Röm 4,25).

Wenn man das Evangelium aufmerksam liest, merkt man außerdem, dass auch die zahlreichen Wunder, von denen dort berichtet wird, nicht als willkürliche Magie oder Machtdemonstration angesehen werden, sondern als Zeichen und erste Wohltaten einer erlösenden Gegenwart unter den Menschen. Auch den Worten Christi schenkt man nicht Gehör, wie man doktrinären Erläuterungen (wie es die Lehren der Schriftgelehrten waren) zuhört, sondern man hört sie wie „Worte ewigen Lebens", wie ein Licht, das die Sklaverei der Finsternis aufreißt, wie das Sich-Zeigen einer Wahrheit, die uns frei macht.

Sogar sein Dasein selbst unter den Menschen wird – noch vor jedem Wort und jeder Tat – in den Kindheitsevangelien als rettende Ankunft des Σωτήρ, also des Erlösers, geschildert. Und der Prolog des vierten Evangeliums betrachtet die Erlösung der Menschheit schon als ein vollbrachtes Werk und zwar allein dadurch, dass der „Logos", das heißt Gottes ewiges Wort, zur Welt kommt, Fleisch annimmt und unter uns wohnt (vgl. Joh 1,14).

„Und das Wort ist Fleisch geworden und hat unter uns gewohnt, und wir haben seine Herrlichkeit gesehen, die Herrlichkeit des einzigen Sohnes vom Vater, voll Gnade und Wahrheit."
(Joh 1,14)

Alles an Christus ist daher erlösend: er hat uns nicht nur durch das, was er getan hat, gerettet, sondern auch durch das, was er gesagt hat, – mehr noch, durch das, was er ist.

Trotzdem muss man gerade aufgrund der apostolischen Lehre eingestehen, dass sein Heilswerk an Intensität zunimmt, bis es seinen Gipfelpunkt im Leiden, im Tod, in der Auferstehung und in seinem Eintritt ins himmlische Heiligtum erreicht. Nach den Worten des Hebräerbriefs ist er dort, im himmlischen Heiligtum, eingetreten, um sein Opfer für uns darzubringen und so hat er „eine ewige Erlösung bewirkt" (Hebr 9,12).

2. Die erlösende Ursache

Die zweite Frage wirft mehr Probleme auf und lässt uns tiefer in das Wesen des Erlösungsereignisses eindringen. Das ganze Ereignis Christi ist heilswirksam, angefangen von der Menschwerdung bis hin zur Erhöhung in Herrlichkeit und im verborgenen Leben Gottes: Aber warum hat es die Kraft zu erlösen? Was verleiht diesem Ereignis die Fähigkeit, die Erlösung zu bewirken?

Die Meditation der Kirchenväter und großer Theologen der Kirche bietet uns zwei Wege, um dieses Geheimnis besser zu verstehen, wobei wir uns dabei natürlich nicht einbilden, es dadurch vollständig zu erfassen.

a) Der erste Weg (der seinen Ursprung in der Reflexion des heiligen Johannes hat und der vor allem von den griechischen Vätern vertieft wurde) neigt eher dazu, die erlösende Kraft der Menschwerdung zu unterstreichen.

Ausgehend von der Voraussetzung, dass der Zustand des Verfalls und der Zerstörung des Menschen daher rührt, dass er seine Gottähnlichkeit und seine Erhebung zum göttlichen Status verloren hat, erkennt dieser theologische Ansatz die Wiederherstellung und Erlösung eben gerade im Wiedererwerb dieses Vorrechts, lebendige „Ikone" Gottes zu sein (ein Vorrecht, das der Mensch im ursprünglichen Plan Gottes besaß) und in seiner Rückkehr zur Verfasstheit als Sohn, der seiner Natur nach am Wesen des Vaters teilhat.

Das Wort, das vom menschlichen Wesen soweit Besitz ergreift, dass sich seine göttliche Person mit ihm vereint, führt tatsächlich erneut und ganz konkret innerhalb der Grenzen unserer Geschichte das Ideal eines Menschen ein, der dem unveränderten Willen des Vaters entspricht und daher „gerecht" ist. In Gemeinschaft zu treten mit dem lebendigen Abbild Gottes, das uns von Jesus, dem neuen Adam gegeben wird; sein Leben auf sich einwirken zu lassen in Bezug auf seine Erkenntnis, seine Liebe und seine Gnade; sein geheimnisvoll „theandrisches" Dasein (das Dasein also, das neben der menschlichen Natur auch die göttliche Natur besitzt) nachzuahmen – auch wenn dies nur von fern und lediglich aufgrund von Teilhabe gelingt: Das bedeutet es, vom Zustand der Ungerechtigkeit und Knechtung des Bösen, also von der Sterblichkeit zur Rechtfertigung, zum Stand der Freiheit des Geistes und des ewigen Lebens hinüberzugehen.

Angemerkt werden muss, dass die Menschwerdung nicht allein im Anfangsmoment des irdischen

Lebens des Sohnes Gottes heilswirksam ist: Die menschliche Natur wird in ihrer historischen Verfasstheit, in Verfall und Sterblichkeit angenommen (mit Ausnahme der Schuldhaftigkeit selbst), sodass das Wort Fleisch annimmt, indem es im Verlauf seiner irdischen Existenz nach und nach unser ganzes Los mit uns teilt, also auch Aspekte wie physische Ermüdung, Angst, Leid und Tod.

In diesem Sinne stellt die Stunde des Leids, des Ablebens am Kreuz, der Auferstehung den gipfelnden und abschließenden Moment der Menschwerdung und somit der Erlösung dar.

b) Die zweite theologische Perspektive stellt das Erlösungswerk als eine Wiederherstellung der verletzten Gerechtigkeit dar und als „Rückkehr" des Menschen, der sich von Gott entfernt hat, der in sich geht und sich besinnt (auch diese Perspektive geht von den apostolischen Schriften aus, also von der Katechese der Synoptiker und noch mehr von den Paulus-Briefen); sie neigt dazu, die erlösende Dimension des Leids und des Todes Christi zu unterstreichen, vor allem insofern als sie das Geheimnis des Gehorsams des menschgewordenen Gottessohnes gegenüber dem Willen des Vaters darstellen.

Das heißt: So wie der tiefste Aspekt des Verfalls und der Zerstörung in der absurden Rebellion und

143

im Ungehorsam des Geschöpfs gegenüber dem Schöpfer bestanden haben, das sich dadurch vom Sitz des Lebens entfernt und dem Tod überantwortet hat, so besteht, was den menschlichen Willen betrifft, die Erlösung in dem Sich-erneut-zu-eigen-Machen des Vaterwillens und in seiner Rückkehr zum Sitz jenes Lebens, das seine wirksame Fülle in der Auferstehung hat. Da der Wille Gottes aber absolut und unwandelbar auf der Einhaltung des grundlegenden Prinzips der Gerechtigkeit besteht und sich deshalb der Aufrichtigkeit die Freude hinzugesellt und auf die Sünde der Schmerz folgen muss, so muss der Mensch, der „umkehrt", das Leid als notwendiges Mittel akzeptieren, durch das ein Wille, der vom Weg abgekommen und den ewigen Ratschlüssen entfremdet ist, auf die authentische Bahn zurück gelenkt werden kann. Indem Jesus akzeptierte, mit seinen sündigen Mitbrüdern gemeinsam zu leiden und zu sterben, brachte er seine vorbehaltlose Verbundenheit mit dem gerechten Willen des Vaters sowohl zum Ausdruck als auch zur Vollendung und in diesem Gehorsam ließ sich der menschliche Wille wieder nach dem göttlichen umformen und durchlief in umgekehrter Richtung den Weg, der ihn zum Fall und zum Tod gebracht hatte.

Halten wir fest, dass diese beiden Perspektiven sich nicht gegenseitig ausschließen; vielmehr ergänzen sie einander. Beide führen uns bei der Vertiefung einer Wirklichkeit ein Stück weiter, jener Wirklichkeit, die uns in ihrer Schönheit erst vollkommen einsichtig sein wird, wenn wir den Erlöser und den vom Vater gefällten ewigen Heils-Ratschluss ohne die irdischen Schleier und offen schauen.

3. Wir sind auf ursprünglich Weise verbunden mit Christus

Die dritte Frage betrifft das Zentrum des ganzen Geheimnisses. Wie hat Christus uns mit dem, was er vollbracht hat, die Erlösung bringen können? – Das hört sich ja fast so an, als ob man dem großen Bruder Injektionen verabreicht, damit der kleine von einer Lungenentzündung genest.

Im lateinischen Kulturbereich konnte man den dringenden Charakter und die schwerwiegende Problematik dieser Frage nicht allzu sehr spüren, was daran lag, dass man bei der Erklärung der Erlösung das Bild der „Schuldbegleichung" verwendete: Es heißt dort, dass Christus an unserer Stelle bezahlt hat; und man weiß, dass damit der Schuldner von seinen Verpflichtungen befreit ist, unabhängig davon, wer bezahlt.

Aber sobald man das Bild begrifflich einfängt und analysiert, erweist es sich als unangemessen. Wem gegenüber wurde die Schuld entrichtet? Etwa gegenüber dem Teufel, wie ein antiker Autor meinte? Kann man etwa davon sprechen, dass der Teufel gewisse „Rechte" hat? Wäre die Schuld etwa Gott zu entrichten? Was aber ist das für ein Vater, der eine solch brutale Genugtuung verlangt, noch dazu vom unschuldigen Sohn? Und da es sich in jedem Fall um eine moralische Schuld handelt, wie kann jemand anstelle eines anderen Genugtuung leisten?

Die Antwort findet man, wenn man erkennt, dass es sich weniger um eine „stellvertretende Satisfaktion" (dabei handelt es sich um einen Begriff, der im Allgemeinen von der lateinischen Theologie bei der Untersuchung dieser Frage benutzt wird) als um eine erhabene „Solidarität zwischen Christus und uns" handelt, durch die sein Lebenswerk auch uns gehört und uns zum Vorteil gereicht.

Die Lösung kann also lediglich so aussehen, dass man die Existenz eines ganz engen Bandes anerkennt, das zwischen Christus und der Menschheit besteht, fast so wie eine gegenseitige Immanenz, die aus Jesus und allen Menschen einen einzigen, lebendigen Organismus macht. Es muss sich um ein Band handeln, das weniger aus dem Erlösungsopfer resultiert (wie immer haben wir mir Recht angenommen, dass es sich um das Band handelt, das die Kirche zum mystischen Leib Christi macht), als dass es die Voraussetzung, Vorbedingung und entscheidende Ursache dafür darstellt, dass das Opfer Jesu tatsächlich für uns erlösenden Charakter besitzen kann; es handelt sich also nicht um ein Band, das der Menschheit in irgendeinem Augenblick ihrer Geschichte von außen übergestülpt wird, sondern um eine Band, das von Anfang an existiert – seit dem ersten Morgengrauen der Schöpfung, seit den Anfängen des Universums.

Wie man sieht, schließt das Erlösungsgeheimnis, das der gekreuzigte und auferstandene Jesus von Nazareth für uns gewirkt hat, notwendigerweise die Existenz einer geborenen und unzerstörbaren Solidarität Gottes mit uns ein und bestätigt diese im Nachhinein. Sie hat ihre Quelle im Ratschluss der Vorsehung, durch den Gott von Ewigkeit her Christus als Prinzip, Maßstab und Ziel aller real existierenden Menschen gedacht und gewollt hat.

Von Anfang an wurde Jesus dazu bestimmt, Gipfelpunkt, Haupt und Kompendium aller Dinge zu sein; und nichts von dem, was geschaffen ist, existiert, ohne dass der Schöpfer es Christus ähnlich hätte formen, es auf ihn hätte abzielen lassen, es mit ihm bis ins Innerste hätte verbunden wissen wollen.

Die Sünde, die darüber hinzukommt, schafft es nicht, den Plan Gottes in seiner Substanz zu treffen, vielmehr bestätigt und bewahrheitet sie ihn in gewisser Weise, denn der Sohn Gottes spricht sich nicht von seinen Brüdern, die Schuld auf sich geladen haben, los. Vielmehr: Da der kranke Organismus im Haupt gesund geblieben ist, wird dieses Haupt zur Quelle der Genesung und des neuen Lebens.

Diese Wahrheit ist folgenschwer und hat insbesondere unabsehbare Konsequenzen für die Sichtweise, die wir von der Welt, dem Menschen und unserem irdischen Auftrag annehmen müssen. Im Rahmen unserer nächsten Meditation werden wir hierüber nachdenken.

Unser Thema kann nun hier mit einigen kurzen Anmerkungen ergänzt und abgeschlossen werden.

Fazit

1. Ein unüberbrückbarer Abgrund erstreckt sich zwischen den „weltlichen" Vorstellungen hinsichtlich der Erlösung des Menschen und der Wahrheit, wie sie uns die christliche Verkündigung vermittelt: Beide sind ganz und gar nicht miteinander zu vereinbaren und es ist verblüffend, dass wir verwirrt genug sein können, um zuzulassen, dass in

unserem Geist solch unvereinbare und einander
fern stehende Sichtweisen wenigstens in gewissen
Nischen und Randzonen koexistieren. Es ist daher
erste Christenpflicht, jede Inkohärenz in diesem
Bereich zu überwinden und das eigene innere Heiligtum von allen Götzen, die sich dort noch tum-
meln können, zu reinigen. „Was haben Licht und
Finsternis gemeinsam? Was für ein Einklang
herrscht zwischen Christus und Beliar? Was hat ein
Gläubiger mit einem Ungläubigen gemeinsam?
Wie verträgt sich der Tempel Gottes mit Götzen-
bildern?" (2 Kor 6,14-16).

2. Von ihrem Inhalt her betrifft die Erlösung, wie
sie im Evangelium geschildert wird, nicht äußere
Besitztümer des Menschen oder einen begrenzten
Raum seiner Existenz; sie bezieht sich vielmehr auf
den ganzen Menschen und auf seinen zukünftigen
Zustand: Es handelt sich um eine Erlösung, die uns
durch das Licht der Wahrheit vermittelt wird, die
mit der Gabe der Nächstenliebe einhergeht – das
heißt mit der neuen und wahren Fähigkeit zu lieben –, mit der Vergebung der Sünden, mit der Wiederherstellung der Freiheit angesichts der Kräfte
des Bösen, mit der Teilnahme an der göttlichen
Natur, mit dem Sieg über den Tod durch die Auferstehung des Leibes, mit dem ewigen Leben.

Wenn man soziale, politische und kulturelle Umwälzungen als direkten und primären Inhalt der Erlösung betrachtet, befindet man sich damit nicht nur im Gegensatz zu allen ausdrücklichen Aussagen der apostolischen Kirche und der Worte des Herrn selbst, man gerät dadurch außerdem in Konflikt mit der tiefen Logik, die das christliche Ereignis an sich besitzt.

Es ist nicht anzunehmen, dass der Sohn Gottes Fleisch angenommen hat, nur um das Internationale Rote Kreuz zu gründen oder die Gesellschaft für Gegenseitige Hilfe, den Gewerkschaftsbund oder die Revolutionären Aktionsgruppen. Die Sendung des Wortes kann nur und muss alle Dinge in der Tiefe ihres Seins berühren. Die Menschwerdung, die Passion, der Tod, die Auferstehung, Pfingsten haben schon „die Welt besiegt", haben schon die Wirklichkeit und das Los des Menschen verändert. Wir sind schon die neue Welt.

3. Es liegt nun an uns, die Neuheit, die wir schon besitzen, ins Dasein hinauszutragen, in unsere ganze Existenz – dies sowohl als Einzelne als auch als Gemeinschaft. Es liegt an uns, uns vom alten Plunder der weltlichen Sicht- und Verhaltensweisen loszumachen und gemäß dem neuen Leben zu wandeln.

Natürlich müssen auch wir um soziale Gerechtigkeit kämpfen, uns für die Freiheit der Bürger, für die Errichtung einer Gesellschaft, die brüderlicher und menschlicher ist, einsetzen; nicht aber weil dies die einzigen, unmittelbaren oder auch nur die primären Ziele der Erlösung Christi wären, sondern weil Ungerechtigkeit, Unterdrückung, Gewalt und Entfremdung nicht zur christlichen Neuheit passen, weil sie sie verdunkeln und ihr widersprechen.

„Wenn also jemand in Christus ist, dann ist er eine neue Schöpfung" (2 Kor 5,17).

DRITTES KAPITEL

Das Haupt

Im Zentrum des Kosmos und der Geschichte

Wir haben nun bemerkt, dass die „weltlichen" Stimmen mit jener Stimme unvereinbar sind, die im Munde Petri aufgrund der Offenbarung des Vaters erklingt. Ebenso ist nun die innere Reinigung vollzogen, die uns von den verschiedenen Kulturgötzen befreit, die sich heimlich im Gewissen verbergen und damit sowohl die wahre Erkenntnis Christi verfälschen, als auch Schatten auf die Frage nach dem Heil der Menschen werfen. Wir befinden uns also an der Stelle, an der wir all unsere Geisteskräfte sammeln, um in seinem ganzen Ausmaß und in all den Konsequenzen, die dies für unser Leben und unseren existentiellen Einsatz mit sich bringt, zu verstehen, was es bedeutet, Jesu von Nazareth als einzigen Herrn und Retter anzuerkennen.

Um diese Aufgabe so gut wie möglich zu erfüllen, lassen wir zusammenfassend noch einmal in Gedanken all das Revue passieren, was wir über ihn durch göttliche Offenbarung erfahren haben.

Er ist der Messias: Er ist also derjenige, der vom Geheimnis Gottes ausgegangen und zu uns gekommen ist, um all unsere Erwartungen zu erfüllen, um sich selbst als Antwort auf unser unerschöpfliches Fragen anzubieten, um mit der strahlenden Einfachheit seiner Gewissheiten den Knäuel unserer Zweifel zu entwirren.

Er ist der Lebendige, der in die Todesmauer, die die Straße unseres Lebens in ihrem Verlauf grausam abschließt und unterbricht, durch seine Auferstehung eine Bresche geschlagen hat. Und so schenkt er uns Hoffnung, das heißt, die Möglichkeit, ohne Angst nach vorne zu schauen.

Er ist der Sohn des Ewigen, der durch die Annahme unserer Natur uns in unserer Würde als lebendige und ihm ähnliche Abbilder Gottes wiederhergestellt hat. Er hat diese konkrete Menschheit, die immer noch den Schlägen ausgesetzt ist, die die Kräfte des Bösen ihr versetzen, für immer mit der beglückenden und unantastbaren Wirklichkeit der Gottheit verbunden.

Er ist der vollkommene Mensch, der in sich die gesamte Menschheit einschließt und ihre Auslegung ist: Mit seinem „Ja" zum Willen des Vaters und zu dessen umfassender Forderung nach Gerechtigkeit, mit diesem „Ja" also, das er bis zum Heldentum des Kreuzestodes aussprach, hat er das „Nein" des rebellischen Adam überwunden und besiegt.

Am Ende dieser Gedanken, die uns bis hierher geführt haben, muss ein jeder von uns sich sagen: In meiner persönlichen, unveräußerlichen, einzigartigen Existenz weiß ich mich vom gekreuzigten und auferstandenen Jesus von Nazareth angesprochen, erreicht und berührt. Wenn es wahr ist, dass er der Messias ist, dann ist er auch mein Messias; wenn er der Herr ist, ist er mein Herr; wenn er der Retter ist, dann geht es um meine Rettung. Ich bin kein Zuschauer, bin nicht wie jemand, der eine Angelegenheit betrachtet, die ihn nichts angeht: Ich bin direkt betroffen.

Doch die Offenbarung, dass Christus einzigartig ist, und die Einzigartigkeit der von ihm vollbrachten Erlösung lassen mich auch erkennen, dass das alles genauso für andere gilt, wie es für mich gilt: Wenn seine Erlösung die einzige ist, dann hat sie universalen Charakter; wenn es keinen anderen Namen gibt, in dem wir gerettet werden sollen, dann müssen alle durch ihn gerettet werden; wenn er der einzige ist, der zur Wahrheit und bis ins Innere der Geschöpfe gelangen und sie erneuern kann, dann sind alle Dinge von Anfang an offen für ihn, mit ihm ursprünglich verbunden und in ihn eingegliedert; wenn er derjenige ist, der der Wirklichkeit Wert, Sinn und Dichte verleiht, dann kann man nichts getrennt von ihm betrachten, ohne dass es sogar in unseren eigenen Augen diese Eigenschaften verlieren müsste. Was von ihm getrennt ist, verliert an Farbe, wird im Innersten entstellt und geht verloren.

Der hl. Paulus erklärt diesen grundlegenden Begriff der christlichen Sichtweise mit dem Bild vom „Haupt": Christus ist das „Haupt" (κεφαλή) der Kirche und noch zuvor ist er das „Haupt" des geschaffenen Universums (Kol 1,18).

„Christus, das Haupt" ist der Gegenstand dieser letzten Überlegung, die wir anstellen werden. Zuerst werden wir dieses Thema selbst und dann einige seiner vielfältigen Folgen erörtern.

a) Christus, Haupt der Kirche und des „Universums"

1. Christus, das Haupt der Kirche

Der gekreuzigte und auferstandene Jesus von Nazareth, der im himmlischen Heiligtum dem Vater immerwährend sein Erlösungsopfer darbringt, bringt durch denselben Akt die Kirche als Wirklichkeit hervor. Er tut dies, indem er seinen Geist auf die Welt ausgießt. Das Pfingstereignis ist nicht einfach eine Episode, die in der Apostelgeschichte vorkommt, sondern ein ständiges Ereignis, das sich fünfzig Tage nach der Auferstehung des Herrn zwar auf überwältigende Weise manifestierte, das aber seinem tiefen Wesen nach seitdem unaufhörlich wirksam ist: Wir sind ständig dem pulsierenden Strom des göttlichen Reichtums ausgesetzt, der durch die Gegenwart des Herrn an der Rechten des Vaters ausgelöst wird.

Der Geist geht aus der erhabenen Quelle des durchbohrten und verherrlichten Menschenherzens des Sohnes Gottes hervor. Er besprengt die trockene Welt mit seinem Tau und macht sie fruchtbar. Er bedient sich dabei der zerbrechlichen und unreinen Geschöpfe und verwandelt sie in zuverlässige und wirksame Werkzeuge im Dienst des neuen Lebens. Er rührt die Gemüter an und vergöttlicht sie.

So entstehen die Zeichen des „Sakralen" und die Wunder der „Heiligkeit" in der Kirche.

a) Kraft seiner „sakralen" Wirkung

- gewährleisten schwache und geringe Menschen in der apostolischen Nachfolge die Fortsetzung des sichtbaren Sendungsauftrags Christi, sodass – trotz der Irrungen einzelner Personen – über die Jahrhunderte hinweg Bischöfe auf Bischöfe folgen, während alle anderen Dynastien auf Erden früher oder später verlöschen;

- sind von Menschen verfasste, an eine bestimmte Kultur gebundene Schriften, die manchmal sogar unelegant sind und gegen die Gesetze der Grammatik verstoßen, Träger des ewigen Wortes Gottes und bieten sich uns als „Heilige Schrift" dar;

- einfache und demütige Dinge, wie Wasser, Öl, Brot und Wein werden in den Sakramenten zu wirksamen Zeichen der Gnade und in der Eucharistie sogar zum wirksamen Zeichen der Realpräsenz Christi sowie seines Opfers inmitten seiner Brüder.

b) Doch die vom gekreuzigten und auferstandenen Christus verfügte Ausgießung des Geistes wirkt sich auch auf die innere und unsichtbare Welt, auf die Gedanken, die Herzen und die Gewissen aus. Und das verstehen wir unter der „heiligmachenden" Wirkung.

So kann der Mensch Erleuchtungen wahrnehmen, die ihm geschenkt werden und ihm die göttliche Wahrheit trotz deren scheinbarer Schwierigkeit und Ferne verständlich machen; oder aber er nimmt Inspirationen wahr, die ihn dazu bewegen, eine Versuchung, die ihm bis dahin unüberwindlich schien, zu besiegen, – ein Laster aufzugeben, das ihm bis dahin unausrottbar vorkam, – eine gute Tat zu vollbringen, die unerreichbar aussah und über seine Kräfte zu gehen schien.

Wer sich von dieser alles erneuernden Welle dermaßen ergreifen lässt, dass er vom Glauben lebt und von der Liebe entflammt wird, der wird zum Tempel des Heiligen Geistes und nimmt diesen geheimnisvollen und tatkräftigen Gast, der in ihm als Quelle des Gnadenlebens wohnt, als unerwartetes Geschenk unseres Herrn Jesus Christus auf.

Das sind die Wunder der „Heiligkeit", die unter der Regie des Heiligen Geistes im Menschen auf verborgene Weise gewirkt werden, auch wenn dieser als verkommenes, aus der Spur geratenes Wesen, ja, als Sünder zur Welt kommt.

Alles Sakrale und alle Heiligkeit unter dem Himmel existiert also kraft dieses immerwährenden Pfingstens. Gebündelt nimmt es stets frisch und beständig im Wunder der Kirche die Form und Gestalt eines einzigen Organismus an.

Aufgrund dieser Überlegungen kann man die Kirche also als jene Menschheit verstehen, die dem ewigen Ratschluss des Vaters entsprechend in Anspruch genommen, gereinigt und erneuert worden ist und die vom gekreuzigten Heiland, der schon in der göttlichen Herrlichkeit lebt, durch den Heiligen Geist geeint wurde.

Sie ist ein lebendiges Ganzes, dessen „Haupt" (ἡ κεφαλή) Christus ist: Deshalb ist sie, wie es der Ausdrucksweise des hl. Paulus entspricht (Kol 1,18), der „Leib" Christi (σῶμα).

Wer die Worte Jesu angenommen hat, von den

Sakramenten geprägt worden ist, der nimmt im Glauben an der Erkenntnis teil, die Christus von Gott und den Dingen hat, er trägt im Herzen die gleiche Liebe Christi zum Vater und zu den Brüdern, beherbergt im Tempel seines Gewissens den von Christus ausgehenden Heiligen Geist als Gast und wird unter die lebendigen Glieder dieses Leibes gezählt. Im kirchlichen Leben zu wachsen bedeutet, in der objektiven Bindung an Christus, in der Ähnlichkeit zum Gott-Menschen Fortschritte zu machen und daher am göttlichen Leben immer mehr teilhaftig zu werden.

2. Christus, Haupt des geschaffenen Universums

Unsere Überlegungen über das Geheimnis der Erlösung haben uns vor Augen geführt, dass es noch vor einer Verbundenheit durch die Kirche – welche Frucht der Erlösung ist – zwischen den Menschen und Christus ein Band gibt, das seit Anfang der Dinge existiert, das also sogar zwischen der gesamten Schöpfung und Christus besteht, und obwohl der Teufel dieses Band unter Beschuss nimmt und es ständig zu gefährden sucht, ist es nie verloren gegangen.

Alles war von Anfang an für den Menschen gedacht und beabsichtigt worden: Deswegen stehen alle Dinge dem Menschen zu Dienste, alle erlangen sie im Menschen Bewusstsein und eine Stimme zum Lobpreis Gottes. Alle existieren sie sozusagen als stufenweise Teilhabe an jenem Schatz des Seins, der in der Natur des Menschen umschlossen wurde.

So drückt sich zum Beispiel der hl. Ambrosius klar zugunsten dieser anthropozentrischen Sichtweise aus:

„Schon ist ja der sechste Tag vorüber und die Weltschöpfung ihrem vollen Umfange nach abgeschlossen, nachdem der Mensch fertig da ist, der in sich die Herrschaft über alle lebenden Wesen trägt, gleichsam summarisch das Universum verkörpert und die Schönheit der ganzen Weltschöpfung widerspiegelt."

„... in quo principatus est animantium universarum et summa quaedam universitatis et omnis mundanae gratia creaturae" (Exameron, VI, 10, 75) *[Deutsche Übersetzung unter http://www.unifr.ch/ bkv/kapitel579.htm]*.

Doch alle Menschen sind von Ewigkeit her in Christus, dem Erlöser, gedacht und gewollt worden, von Anfang an nach seinem Muster geschaffen, auf ihn ausgerichtet, ja, auf radikale Weise mit ihm vereint worden.

Ehe er also Haupt der Kirche war, war Christus schon Haupt des geschaffenen Universums. Jeder Mensch gehört ihm an, noch ehe er von seinem Geist erfasst und verwandelt worden ist. Jeder Mensch reproduziert in gewisser Weise sein Antlitz, noch ehe er an seinem göttlichen Leben teilnimmt.

Diese anfängliche Zugehörigkeit zu Christus unterscheidet sich von der Zugehörigkeit zur Kirche:

- denn sie ist ursprünglich und, um Bestand zu haben, bedarf sie keines Zutuns vonseiten des Einzelnen oder vonseiten der Gemeinschaft;

- denn sie ist universal und findet sich nicht nur unter den Getauften oder denjenigen, die auf irgendeine Weise zum Glauben gelangt sind;

- denn sie ist unauslöschlich: Nicht einmal das rebellische Verhalten des Menschen kann dazu führen, dass er aufhört, das zu sein, was er seinem wahren Wesen nach ist, – das heißt, ein Abbild des Herrn, wenn auch ein blasses oder ein verunstaltetes.

Natürlich, diese Zugehörigkeit zu Christus hat in dieser verkommenen und von Schuld befleckten Welt lediglich anfänglichen und unvollkommenen Charakter und seufzt danach, durch das Wirken der Erlösung zur Fülle zu gelangen und vervollkommnet zu werden: Sie ist wie die Skizze eines

Bildes, die darauf wartet, ergänzt zu werden, damit sie auf klare Weise zum Ausdruck bringen kann, was sie ist und so zu einem Meisterwerk zu werden. Doch die Skizze ist echt, sie ist in jedem vorhanden und ganz gleich, wie brutal das Böse sich auslebt, es kann sie in keinem Fall zerstören. Deswegen kommen alle Dinge, jeder Mensch schon mit dem Zeichen des Herrn, das ihm in der Tiefe seines Seins aufgedrückt ist, zur Welt.

Nun werden aber auch alle Dinge, alle Menschen im „Herrschaftsbereich" des Teufels geboren (Paulus sagt „der Tod ist zur Herrschaft gekommen" [vgl. Röm 5,17]), was dieses samenkornartige Zeichen daran hindert, sich soweit zu entwickeln, dass es zum Besitz – oder sagen wir besser zur Zuwendung – des göttlichen Lebens führt: Wir sprechen hier vom Geheimnis der Erbsünde. Das Leben eines Erlösten (oder das eines Getauften, das kirchliche Leben oder das Gnadenleben) befreit den Menschen vom schweren Joch des Bösen und erlaubt es ihm, seiner Verfasstheit gemäß als „lebendige Ikone Christi" zu leben. Es erlaubt ihm, immer mehr in die Bindung und Ähnlichkeit mit seinem Heiland hineinzuwachsen.

Wie man sieht, wird der Mensch, der das christliche Leben ernstlich lebt, immer „menschlicher", das heißt er verwirklicht in immer größerer Fülle seine ursprüngliche, unzerstörbare Natur als „Abbild", das stets neu und immer mehr zu einem „getreuen Abbild" werden soll (vgl. Gen 1,26).

„Dann sprach Gott: Lasst uns Menschen machen als unser Abbild, uns ähnlich. Sie sollen herrschen über die Fische des Meeres, über die Vögel des Himmels, über das Vieh, über die ganze Erde und über alle Kriechtiere auf dem Land. Gott schuf also den Menschen als sein Abbild; als Abbild Gottes schuf er ihn. Als Mann und Frau schuf er sie." (Gen 1,26-27)

In apostolischen Zeiten besang die Gemeinde freudig diese grundlegende und das ganze Christendasein zusammenfassende Wahrheit in einer Hymne, die der hl. Paulus im Brief an die Kolosser erklingen lässt:
- „Er ist das Ebenbild des unsichtbaren Gottes,
- der Erstgeborene der ganzen Schöpfung.

- Denn in ihm (ἐν αὐτῷ) wurde alles erschaffen
- im Himmel und auf Erden, das Sichtbare und das Unsichtbare,
- Throne und Herrschaften, Mächte und Gewalten;
- alles ist durch ihn (δι᾽ αὐτοῦ) und auf ihn hin (εἰς αὐτόν) geschaffen.
- Er ist vor aller Schöpfung, in ihm hat alles Bestand.
- Er ist das Haupt des Leibes, der Leib aber ist die Kirche.
- Er ist der Ursprung, der Erstgeborene der Toten;
- so hat er in allem den Vorrang.
- Denn Gott wollte mit seiner ganzen Fülle in ihm (ἐν αὐτῷ) wohnen,
- um durch ihn (δι᾽ αὐτοῦ) alles [in ihm – εἰς αὐτόν] zu versöhnen.
- Alles im Himmel und auf Erden wollte er zu Christus führen,
- der Friede gestiftet hat am Kreuz durch sein Blut.“ (Kol 1,15-20)

Anmerkungen

- Es ist vom geliebten Sohn die Rede, das heißt vom Eingeborenen des Vaters, der uns durch sein Blut die Erlösung erworben hat, die Vergebung der Sünden.

- Die Hymne ist symmetrisch in zwei Strophen geteilt, die erste bezieht sich auf die Schöpfung, die zweite auf die erlöste Schöpfung, das heißt auf die Kirche.

- Christi Funktion wird in beiden Bereichen anhand der zitierten dreifachen Kausalität ausgedrückt: in, durch, in Hinblick auf (ἐν, διά, εἰς).

- In beiden Strophen wird darauf Wert gelegt, zu erklären, dass Christi Funktion darin besteht, „Haupt" (κεφαλή) oder Prinzip (ἀρχή) in Bezug auf die „Gesamtheit" aller Wesen (τὰ πάντα) zu sein.

- Genauso wie zum geschaffenen Universum, gehört auch die Welt der himmlischen Gewalten zum erlösten Universum.

b) Schlussfolgerungen

Die Wahrheit über den „Primat" Christi, seine zentrale Stellung in der Kirche und im geschaffenen Universum zieht einige Konsequenzen nach sich, die für die christliche Sichtweise der Wirklichkeit von Relevanz sind.

1. Jeder Mensch ist eine „Ikone Christi"

In jedem Menschen – ganz gleich, wie er sich verhält, welche Überzeugungen er hat, in welchem Gemütszustand er sich befindet – verbleibt stets ein Urbild Christi, und deshalb erscheint er den vom Glauben erleuchteten Augen immer als „liebenswert".

Deswegen verlangt von uns das Gebot des Christentums auch nicht, den Gläubigen, sondern den „Nächsten" zu lieben, selbst wenn er geistig fern steht und anders ist. Es reicht aus, dass jemand Mensch ist, um für uns „Ikone Christi" zu sein.

Natürlich ist es unerträglich, ein Abbild Christi zu betrachten, das vom Irrtum, vom Unglauben und von Bösartigkeit entstellt und verdunkelt ist: Wer also Jesus Christus, unseren Herrn, liebt, der verspürt den unbedingten Wunsch, dass ihm alle Menschen näher kommen und ihm ähnlicher werden. Jeder wahre Christ muss als Apostel Christi in der Evangelisierung unter den Menschen tätig sein.

2. Jeder irdische Wert ist ein Abglanz
der Reichtümer Christi

Wenn in Christus alle Reichtümer der Schöpfung zusammengefasst sind – so wie Er die Wahrheit, die Schönheit, die Heiligkeit ist –, dann ist jeder authentische Wert, den man in der Welt vorfindet, ein Abglanz seines Lichtes. Jeder wahre Wert ist daher auf ursprüngliche Weise christlich.

In Natur und Geschichte, in Forschung und Erfindungsgeist, im künstlerischen Ausdruck und in der Betrachtung – geht alles Wahre, alles Schöne, alles Gute, das wir dort antreffen können (wenn es sich wirklich um Wahres, Schönes und Gutes handelt), vom fleischgewordenen Wort aus, das sich ständig hingibt, ohne selbst dadurch etwas zu verlieren. Es manifestiert sich überall, wo immer es ein Geschöpf Gottes gibt.

Die Werte zu respektieren, sie zu achten und zu lieben – wo immer sie vorzufinden sind, ganz gleich welche Gestalt sie angenommen haben, – das kann auch eine unbewusste, doch reale Art und Weise sein, Christus entgegen zu gehen und ihm sogar zu begegnen, vorausgesetzt, das Herz ist rein.

Christus im Glaubensakt zu besitzen – das heißt, die Quelle, Krönung und Summe aller Wahrheit, Schönheit und Gerechtigkeit zu kennen –, das bedeutet andererseits, sich in der privilegierten Lage zu befinden, die Werte auch besser erfassen zu können als diejenigen, die sie zwar erahnt und ausgedrückt, Christus selbst aber nicht kennengelernt haben.

3. Der ganz und gar exemplarische Charakter Christi

So wie alle Werte der Welt schon auf irgendeine Weise „christlich" sind, besitzt auch umgekehrt alles, was in Christus existiert, einen Wert.

Und nachdem der Christus, von dem wir reden, der gekreuzigte und auferstandene Sohn Gottes ist, dessen Gestalt und Werdegang entsprechend dem Ratschluss des Vaters konkret so erdacht und beabsichtigt worden war, dass er zum Prinzip und zur exemplarischen Ursache der Menschen und des Universums wurde, entpuppt sich alles, was in ihm ist, als Wert, auch das, was nach dem Urteil der bloßen Vernunft als Unwert erscheint: so zum Beispiel das Leid, das Scheitern, die Niederlage, der Tod.

Die nicht-christliche Vernunft schätzt diese Dinge als „Unwert" ein; das heißt, die Vernunft, die sich noch nicht an die wirklichen Dimensionen des konkreten Daseins angepasst hat – wenn es denn wahr ist, dass die konkrete Existenz im geopferten und verherrlichten Christus ihr Zentrum, ihren Maßstab und ihre Erklärung findet.

Doch die vom Glauben erleuchtete Vernunft, die den zentralen, beispielhaften und alles einbeziehenden Charakter des gekreuzigten und auferstandenen Herrn kennt, zögert nicht – gerade, um wahrhaft und ganz „Vernunft" zu sein –, den Fortgang der Logik auf den Kopf zu stellen: Die so genannten „Unwerte" wie das Leid, das Scheitern, die Niederlage und der Tod, sofern sie in Christus sind und gelebt werden, wie Christus sie gelebt hat, sind ohne jeden Zweifel auch für uns Werte.

Hiermit haben wir auch wenigstens angedeutet, welchen Ansatz das Christentum bietet, um das Rätsel des menschlichen Leids zu lösen.

4. Zwei Aspekte, eine einzige Ordnung der Dinge

Es gibt einen klaren und unverkennbaren Unterschied zwischen der Verfasstheit als Geschöpf, in die alle Dinge und alle Menschen von Geburt an hineingestellt sind, und dem Zustand der Erlösung, in den wir durch das Opfer Christi und durch die darauf folgende Ausgießung des Geistes versetzt werden.

Doch beide Zustände oder Seinsweisen haben ihren Fortbestand in Christus, in Hinblick auf

Christus und durch Christus (um auf die dreifache Kausalität der Hymne des Kolosserbriefs zurückzukommen).

Kann man also überhaupt von der „Laizität" oder „Weltlichkeit" der Dinge sprechen?

Ja, wenn man darunter versteht, dass die Dinge eine eigene Struktur besitzen und daher auch eine eigene natürliche Erkennbarkeit, die weiterhin fortbesteht und die für die Vernunft erfassbar ist, gleichgültig ob sie durch die Sünde entheiligt und daher in ihrer ursprünglichen Berufung verletzt oder ob sie vom Wirken des Geistes erfasst, verwandelt und erneuert worden sind. So bleibt zum Beispiel der Mensch ein Mensch, auch wenn er sich im Zustand der Rebellion gegenüber dem Plan Gottes befindet und aus Christus herausgerissen ist, genauso wie er Mensch bleibt, wenn er sich als lebendiges Glied in den Leib der Kirche einfügt.

Nein, wenn man mit diesen Worten sagen will, dass die hiesige Ordnung der Dinge unabhängig von Christus existieren und erschöpfend verstanden werden kann, also ohne letztlich auf den Bezug zu nehmen, der in jedem Fall – ob man will oder nicht – ihr Haupt und ihr Herr bleibt. Dies gilt noch mehr, weil Christus (der einzige letzte und endgültige Sinn dieses Universums und insbesondere des Menschen) ohne den Glauben nicht erkannt werden kann. Deswegen kann man den Menschen nur dann voll und ganz verstehen, wenn man zu denjenigen gehört, die den Glauben als höchstes Erkenntnisprinzip erfassen.

Natürlich leben wir nicht in einer Schattenwelt: Die Dinge existieren wirklich. Jedes Geschöpf besitzt seine Gegenständlichkeit, eine eigene Natur, und daher eine eigene Verstehbarkeit. Was existiert, sind nicht leere Gegenstände, die dem Wirken Gottes sozusagen die Gelegenheit geben, sich an ihnen auszutoben: In der Ursachenkette kommt ihnen eine reale – wenn auch untergeordnete – Bedeutung zu.

Das bedeutet aber nicht, dass die Welt ein Sammelsurium abgesonderter Fragmente verschiedener Art ist, die in Unabhängigkeit voneinander bestehen. Christus, der sich als derjenige offenbart, in dem alles erdacht wurde, lässt uns erkennen, dass es einen allem zugrundeliegenden Plan gibt und dass alle Dinge wie Glieder zu einem Organismus gehören, dessen Haupt er ist.

Wenn das wahr ist, dann ist nichts, was aus dem Zusammenhang herausgetrennt wurde, auf angemessene Weise erkannt. Weiterhin ist alle separate Erkenntnis über ein Geschöpf abstrakt, denn nichts existiert auf fragmentarische Weise. Jedes ist vielmehr Teil eines Projekts und ist innerhalb einer

Gemeinsamkeit, die zumindest ursprünglich und radikal ist, konzipiert.

Jede menschliche Wissenschaft hat ihre Methode und Vorgehensweise, deren Beachtung zurecht eingefordert wird. Man kann sich auch nicht auf Jesus Christus berufen und meinen, dadurch in den einzelnen Fachbereichen gleich eine Antwort auf alle verschiedenen Fragen parat zu haben. Wahr ist aber auch, dass getrennt von der Erkenntnis Christi keine Wissenschaft die Erkennbarkeit ihres Gegenstandes vollkommen erschöpft, wie auch keine Praxis getrennt vom Gehorsam unseres Herrn Jesus Christus zum rechten Umgang mit dem Universum führen kann.

„[A]lles gehört euch; ihr aber gehört Christus, und Christus gehört Gott." (1 Kor 3,22-23). Alles gehört uns, unter der Voraussetzung, dass wir Christus gehören: Wenn Christi Herrschaft nicht wenigstens implizit anerkannt wird, dann begehren die Dinge auch gegen uns auf und unterjochen uns.

Johannes Pauls II. zufolge huldigt eine materialistisch eingestellte Kultur „– trotz »humanistischer« Erklärungen – [tatsächlich] dem Vorrang der Sachen über die Person." (Dives in misericordia, Nr. 11).

5. Von Christus geht die wahre Erkenntnis des Menschen aus

Wenn der Mensch immer ein skizzenhaftes Abbild Christi ist, dann ist auch jede echte und ehrliche Anthropologie skizzenhaft christologisch: Wer den Menschen aufrecht betrachtet und ehrlich liebt, der erkennt etwas von dem Geheimnis des Gottmenschen; und seine Liebe richtet sich objektiv auf unseren Herrn, Jesus Christus, auch wenn er sich dessen nicht bewusst ist: „ich war hungrig, und ihr habt mir zu essen gegeben;" (Mt 25,35).

Wenn es nun aber wahr ist, dass bei der Erschaffung des Menschen Christus Pate stand und nicht etwa umgekehrt, also der Mensch für Christus, dann gibt es keine kulturelle Anthropologie (das heißt keine Auffassung vom Menschen, die uns die verschiedenen „Kulturen" anbieten, die auf der Bühne der Geschichte zur Mode werden und einander von Epoche zu Epoche ablösen), die angemessen wäre, um uns das Geheimnis des wahren Adam, ja nicht einmal das des Menschen selbst, verständlich zu machen.

Nur Christus kann auf angemessene Weise klären, wer der Mensch ist, und derjenige, dem sich der Herr nicht durch das Fleisch, nicht durch das Blut, sondern durch den himmlischen Vater offenbart hat.

Jesus allein weiß, was im Menschen ist, denn nur er allein hat in sich das Ideal des Menschen vollkommen erfüllt.

Deswegen geht aus jedem Humanismus, der von der Erkenntnis Christi absieht (oder schlimmer noch, aus jedem „Humanismus", der sich programmatisch gegen den christlichen Glauben wendet), unweigerlich eine unmenschliche und an Menschlichkeit verlierende Gesellschaft hervor. Genau diese tragische Lektion hat uns, ohne es zu wollen, das zwanzigste Jahrhundert erteilt und zwar so offenkundig und ausführlich, wie es noch nie der Fall gewesen war.

Abschließende Bemerkungen

Wir haben den Versuch unternommen, uns in dem kurz bemessenen Raum, der uns praktisch zur Verfügung stand, Christus zu nähern, wobei wir uns der Tatsache wohl bewusst geblieben sind, dass er ein „Geheimnis" im christlichen Sinne darstellt: das heißt, eine Wirklichkeit, die uns überragt, und die gerade deshalb fähig ist, uns zu erlösen. Denn alles, was nicht jenseits unserer selbst liegt, ist so klein wie wir selbst; und es bedarf genau wie wir der Erlösung.

Wir haben den Versuch unternommen, uns dem

Geheimnis Christi zu nähern, und Aufmerksamkeit darauf verwandt, seine Einzigartigkeit wahrzunehmen und zu respektieren: Jedes Mal wenn Christus gänzlich auf unsere Maße oder auf unsere Interessensphären (sozialer, kultureller, wirtschaftlicher, politischer Art) zurück getrimmt wird, banalisiert ihn das und lässt es ihn am Ende unbedeutend und unnütz werden.

Wir haben versucht zu verstehen, auf welche Weise ihm seine völlige Einzigartigkeit universale und notwendige Bedeutung verleiht: Jedes Volk und jede Kultur die ihn schuldhaft ignoriert, verliert dadurch an Menschlichkeit; keine Epoche darf ihn als überkommen abtun, auch wenn im Endeffekt mehr oder weniger alle zu diesem Denkmuster neigen; keiner kann sich bewusst von ihm trennen, ohne dabei als Mensch in die Irre zu gehen. Christus ist kein Luxus, eine unter vielen möglichen Optionen, eine Idee, die nur der Verzierung dient: Seine Gegenwart und sein Fehlen (was so viel bedeutet wie: seine Aufnahme oder Ablehnung unsererseits) berühren unser Wesen zutiefst und bestimmen unser Schicksal.

Er ist der Herr und er bittet uns darum, ihm in unseren Gedanken, unseren Entscheidungen, unserem Leben Raum zu schenken: Solange wir dies nicht durch unser „Andenken" tun, ist unser Verstand nicht lebendig; solange wir es nicht durch unseren „Gehorsam" tun, bleibt unser Wille nicht aufrecht; wenn wir nicht danach trachten, in dieser Bindung und in dieser Ähnlichkeit mit ihm, also in „Gemeinschaft" mit ihm zu wachsen, gelangt unser Menschsein nicht zur Blüte.

Er ist der Herr. Man kann ihn in keine Ecke des Daseins verbannen.

Er ist der Herr. Und selbst wenn er sich niemandem aufdrängt, bietet er sich doch pausenlos allen an, damit sie sich frei für ihn entscheiden.

Die Freude darüber, dass es ihn gibt, ist größer als jede Traurigkeit, die unsere Tage uns bescheren können. Wer ihn mit den Augen des Glaubens betrachtet hat, kann an der Welt und der Geschichte nicht mehr verzweifeln. Wer ihm die Tür seines Herzens geöffnet hat, hat damit das ganze Universum eingelassen. Er kann sich nicht mehr in der eigenen Jämmerlichkeit verschließen.

Weil es ihn gibt, sind wir ein erlöstes Volk; weil er da ist, sind wir Kirche; weil er existiert, muss alles neu werden: Jedes tiefe Nachdenken über Christus muss eine neue Menschheit in Christus entstehen lassen.

Vorhang auf für den Himmel

Ein neugieriger Blick ins Paradies

Pater Klaus Einsle LC

„Woher wollen wir das eigentlich alles wissen?" Beim Thema Himmel schwingt immer diese Frage mit. Ein typischer Zweifel lautet: „Es ist ja noch nie jemand von dort zurückgekommen." Vieles in unserer Welt hat das Bild vom Himmel verdunkelt. Aber irgendwie lebt doch in allen eine Ahnung des ewigen Lebens.

Pater Klaus Einsle wischt mit diesem Buch das Dunkel und den Nebel weg und lässt den Himmel in neuem Glanz erstrahlen. Er weckt die Lust auf das ewige Leben.

Die wahre Heimat des Menschen ist im Himmel – und dieser Himmel ist wunderbar!

Fester Einband | ISBN 978-3-939977-17-9
280 Seiten | EUR 14,99

Das ganz normale Wunder

100 Glaubenszeugnisse von katholischen Priestern

herausgegeben von
Thomas M. Gögele LC und Valentin Gögele LC

Mit einem Vorwort von Joachim Kardinal Meisner

100 Priester aus der ganzen Welt erzählen von den Wundern, die sie in ihrer Arbeit erleben: in der Metropole und dem abgelegenen Dorf, mit dem Unternehmer und dem Aidskranken, im Krieg und im Gefängnis. Eine fesselnde Wirklichkeit, die in keiner Tageszeitung zu finden ist.

Lesen Sie die Zeugnisse derer, die ihr Leben für Jesus Christus geben. Lassen Sie sich berühren von einem Gott, der auch in unserer Zeit wirkt.

Fester Einband | ISBN 978-3-939977-18-6
216 Seiten | EUR 12,99

Seelenwege
Orientierungshilfen zum Gebet
Patricia Klein und Pater Thiemo Klein LC

Dieses Buch richtet sich an Betende, die solide Grundlagen und Orientierung für geistlichen Fortschritt suchen. Mit einfacher Sprache werden dem Leser klassische Einsichten der spirituellen Theologie über den Menschen und das Gebet nahegebracht. Der ignatianischen Meditation wird besondere Aufmerksamkeit geschenkt. Die Spannbreite der Quellen reicht von den Wüstenvätern bis zu Benedikt XVI. Hinweise auf biblische Grundlagen und auf Unterschiede zwischen christlichem Gebet und Esoterik runden das Bild ab.

Zu den Autoren: Patricia Klein ist gottgeweihtes Mitglied der Apostolatsbewegung Regnum Christi und ihr Bruder, Pater Thiemo Klein, ist Ordenspriester in der Kongregation der Legionäre Christi.

Fester Einband | ISBN 978-3-939977-22-3
144 Seiten | EUR 12,99

Neuer Wein
Impulse für ein spirituelles Leben in Zeiten der Neuevangelisierung

herausgegeben von Pater Thiemo Klein LC

Die Welt braucht Menschen, die für die Liebe Gottes ein lebendiges Zeugnis ablegen. Wie dies geschehen kann, dafür bietet dieses Buch Inspiration, Impulse und praktische Tipps. Es wurde geschrieben, um in einfacher Sprache tiefgründige Antworten, klare Orientierung und praktische Hinweise für den Weg zu Gott anzubieten. Dieses Buch bietet Überlegungen zur katholischen Spiritualität aus dem geistlichen Erfahrungsschatz von Ordenspriestern der Legionäre Christi.

Fester Einband | ISBN 978-3-939977-21-6
132 Seiten | EUR 13,99